공부 잘하는 아이의 멘토는 부모다

공부 잘하는 아이의 멘토는 부모다

1판 1쇄 인쇄일_ 2011년 11월 15일 ㅣ 1판 1쇄 발행일_ 2011년 11월 25일 ㅣ 지은이_ 임종길 ㅣ 펴낸이_ 류회남 ㅣ 편집장_ 권미경 ㅣ 교정교열_ 장미향 ㅣ 펴낸곳_ 물병자리 ㅣ 출판등록일(번호)_ 1997년 4월 14일 (제2-2160호) ㅣ 주소_ 110-070 서울시 종로구 내수동 4번지 옥빌딩 601호 ㅣ 대표전화_ (02) 735-8160 ㅣ 팩스_ (02) 735-8161 ㅣ 이메일_ mbpub@hanmail.net 트위터 @AquariusPub ㅣ 홈페이지_ www.mbage.com ㅣ ISBN_ 978-89-94803-07-4 03370 ㅣ 이 책의 어느 부분도 펴낸이의 서명 동의 없이 어떤 수단으로도 복제하거나 유포할 수 없습니다. 잘못된 책은 바꿔 드립니다.

18명 아이들을 통해 본

공부 잘하는
아이의 멘토는 부모다

임종길 지음

물병자리

아이들을 가르친 지도 어느덧 여러 해가 지났다. 새로운 아이를 소개받아서 첫 수업을 하러 가는 날이면 마치 좋아하는 사람과 데이트를 하러 가는 기분으로 설레곤 했다. 이번에 만나게 될 아이는 어떤 아이일까. 이 세상에 똑같은 얼굴을 가진 사람은 단 한 명도 없는 것처럼 매번 다른 아이들과 그들의 부모를 만나는 것은 선생님만이 누릴 수 있는 특권인 듯하다.

다년간 아이들을 가르치면서 보람된 적이 참 많았다. 동기부여를 해줌으로써 7등급에 머물던 아이를 1년 3개월 만에 3등급으로 끌어올렸을 때, 집안이 어려워 공부에 전념하지 못하는 아이에게 혼자서 공부할 수 있는 방법을 소개해 어려운 형편 속에서도 꿈을 잃지 않고 성실히 공부할 수 있도록 했을 때, 중요한 시기에 좋지 못한 친구들과 어울려 가출하려던 아이를 바로잡아 공부에 재미를 붙이게 했을 때는 스스로도 뿌듯했다.

아이들을 가르치면서 느낀 것은 아이의 성향이나 부모가 자식을 기르는 방식이 천차만별이라는 것이다. "이 세상에 나쁜 아이는 없다. 오로지 올바르지 못한 길로 인도하는 부모와 선생님이 있을 뿐이다"는 사실을 깨달을 수 있었다. 어떤 부모가 자식을 올바르지 못한 방향으로 키우고 싶을까. 그러나 자신도 모르는 사이에 그런 길로 인도하는 부모가 꽤 많다. 자신의 과도한 집착으로 자식이 엄청난 스트레스를 받고 있다는 사실을 모르는 부모도 있다. 아이를 위해서가 아니라 자신의 욕심 때문에, 주위의 평가 때문에 아이에게 적절한 교육 방침을 심어 주지 못하는 부모도 만나 보았다.

부모가 자식에게 애정을 표현하는 방법은 세 가지가 있다. 첫째는 돈, 둘째는 사랑, 셋째는 회초리다. 이 중에서 가장 쉬운 것은 돈이다. 좋은 선생님을 찾고 아이가 필요로 하는 것을 사줄 수 있기 때문이다. 그런데 문제는 이런 아이들은 대부분 공부를 '왜' 해야 하는지 모른다는 것이다. 목표의식이 없기 때문이다. 두 번째 방법은 사랑이다. 그러나 사랑으로 아이를 키운다고 무작정 좋은 것은 아니다. 지나친 사랑이 자녀를 황소고집으로 키울 수 있다. 세 번째 방법인 회초리는 더 말할 필요가 없다. 이 세 가지 중 어느 하나라도 지나치면 아이들은 상당한 스트레스를 받는다. 부모가 생각하는 이상으로 그렇다.

바로 이것이 내가 책을 내려고 결심하게 된 이유다. 이 안타까운 상황을 알리고 부모가 정말로 올바르게 아이들을 키우기를 바랐다. 이 책에서는 18명의 각기 다른 성향을 가진 아이와 부모를 소개했다. 얼마나 많은 부모가 아이에게 희생을 강요하는지, 얼마나 아이를 잘못 키우고 있는지를 들여다볼 수 있는 계기가 되었으면 한다.

여기 소개한 아이들은 실제로 내가 가르쳤던 제자들이다. 가급적 성향이 다른 아이들 위주로 가려 뽑았고, 객관적인 눈으로 관찰하려고 했다. 부모가 자식을 키우면서 모르고 있었거나 알고 있는데도 실천하지 못한 것들을 중심으로 썼다. 또 내가 아이들에게 올바른 부모가 되기 위하여 인식해야 할 것들에 대해서 부족하나마 사례의 끝 부분에 소개했다. 또 책을 읽고 이웃집에 부담 없이 건넬 수 있도록 재미있게 글을 쓰려고 노력했다.

1장에서는 내가 직접 가르쳤던 아이들의 사례를 소개했다. 부모들이 아이를 올바르게 키우기 위해서 알았으면 하는 것들을 구체적으로 설명했다. 2장에는 다년간 수많은 아이들을 가르치면서 느낀 점을 담았다. 그리고 과외 선생으로서 터득한 나만의 노하우를 담았다. 3장부터 5장은 아이들 스스로 효율적으로 공부할 수 있는 실천 방법에 관한 것이다.

앞으로도 나는 변함없이 아이들과 함께 생활하고 아이들이 바르게 자랄 수 있도록 지도할 것이며 아이들에게 존경받는 선생님이 되도록 최선을 다할 것이다.

이 책을 낼 수 있도록 도움을 준 친구 헌조, 후배 동목이, 물병자리 출판사 사장님과 편집장님, 또 호주에서 돌아와 인생에서 가장 힘든 시기를 보내고 있던 나에게 조언을 아끼지 않았던 이모부, 그리고 우리 엄마 같은 이모, 사랑하는 동생에게 감사한다. 항상 불가능한 것처럼 보이는 것 앞에서도 포기하지 않도록 용기를 주시는 하나님께 감사드리며 부모님의 큰 사랑 앞에 머리를 숙인다.

임종길

1장

우리 아이들의 목소리

이 세상에 똑같은 사람은 단 한 명도 없다. 가치관, 성격 등 모든 면에서 제각각이다. 아이들도 마찬가지다. 그렇다면 아이들의 성격 형성에 가장 크게 영향을 미치는 요인은 무엇일까. 여러 가지가 있겠지만 아이가 가장 많은 시간을 함께 보내는 부모가 아닌가 한다. 적어도 내가 과외를 하면서 보고 느낀 점은 대부분의 아이가 부모의 성향을 그대로 물려받는다는 것이다. 부모의 성향은 아이들의 성격은 물론이고 심지어는 성적에도 영향을 미친다. 안타까운 것은 많은 부모가 이 사실을 모르고 그저 아이만 잘하면 되겠지라는 생각으로 아이에 초점을 맞출 뿐 자신은 돌아보지 않는다는 점이다.

이 장에서는 어머니의 유형에 따라 아이가 얼마나 많이 변할 수 있는지를 말하고자 했다. 각각의 사례 말미에는 아이들을 훌륭하게 키울 수 있는 방법을 언급해 놓았다. 자신의 아이가 어떤 유형에 속하는지, 자신이 어떤 성향의 부모인지를 아는 데 도움이 되었으면 한다.

1

아, 책만 보면 졸려

아파트에 전단지를 붙이고 있다가 한 어머니로부터 전화를 받았다. 중학생인 큰아이가 성적이 잘 안 나온다며 아이와 아직 상의는 안 했지만 영어를 배웠으면 한다고 했다. 민주적이고, 아이의 의견을 존중하는 어머니라는 느낌을 받았다.

이야기를 나누다 보니 나를 마음에 들어하는 눈치였다. 다만 사춘기 여자아이라서 남자 선생님과 수업하는 게 굉장히 부담되는 듯했다. 그래서 "아이가 괜찮다고 하면 연락 주세요." 하고 전화를 끊었다. 그로부터 6~7개월이 지났을까. 다시 전화가 왔다. 이번에는 초등학교 5학년인 작은아이가 남학생인데 수업을 받고 싶다고 했다.

"저, 우리 둘째 영균이가 학원에 다니는데 여러 명이서 같이 수업

들는 걸 싫어하네요. 선생님이 자기한테만 관심 가져 주기를 원하는 것 같아요. 그래서 일대일 과외를 받고 싶어 연락드렸습니다.”

“그러세요. 그럼 제가 영균이를 만나 봤으면 합니다.”

아이 방의 장난감들

약속 시간을 잡고 집으로 방문했다. 아이들의 집은 학교에서 불과 2분도 떨어지지 않은 아파트였다. 긴장된 마음으로 초인종을 눌렀더니 어머니가 나오셨다.

“안녕하세요. 선생님.”

“안녕하세요, 어머님. 처음 뵙겠습니다.”

영균이도 옆에 있다가 인사를 하는데 교육을 잘 받은 집안 아이처럼 느껴졌다. 집에 들어가 집안을 둘러보니 인테리어부터 각종 장식이 경제적으로 여유 있는 집이라는 느낌을 주었다. 아이들 문제집과 필통 등이 어질러져 있는 거실 식탁이 눈에 띄었다. 어머니가 교육을 중요하게 여기고 아이들과 많은 시간을 보내는 분이란 걸 알 수 있었다.

영균이가 저학년이라서 별도로 테스트는 하지 않았다. 외국에 다녀 온 경험이 있어서인지 영어에 대한 두려움은 전혀 없었다. 그런데 맘에 걸리는 게 있었다. 바로 아이 방의 장난감들이었다. 책은 별로 없고 장난감과 축구공, 농구공이 방의 대부분을 차지하고 있었다.

아이들의 공부보다 외적인 면을 중요하게 여기는 부모가 많은데

이 집도 그런가라는 생각이 잠깐 들었다. 나중에 알았지만 아이가 원한다면 외국 대학 진학도 고려하고 있었다.

"우리 영균이가 어떤 것 같나요?"

"아직 저학년이라 그런지 영어를 체계적으로 배운 적은 없는 거 같습니다. 다만 영어에 대한 두려움은 전혀 없어 보이네요."

"제가 우리 영균이는 어렸을 때부터 지금까지 공부와 관련된 모든 것들을 옆에서 봐줬어요. 그래서인지 아이가 자발적으로 공부를 하려고 하지 않아요. 누가 옆에서 도와줘야 공부하는 스타일이에요."

이런저런 얘기를 하고 수업 날짜를 잡고, 아이와 두세 번 수업을 했다.

내용이 조금만 어려워도 졸려하는 아이

내가 본 영균이는 부족함 없이 자란 아이였다. 필요하거나 원하는 것들은 거의 다 가질 수 있었고 공부 외적으로도 많은 혜택을 받은 아이였다. 영어 실력도 또래 아이들에 비해 좋은 편이었다. 특히 듣기 실력이 아주 뛰어났다. 초등학교 5학년이지만 고3 듣기 문제도 거의 맞히는 편이었다. 보통 이런 가정의 아이들은 버릇이 없고 공부를 안 하려는 경향이 있다.

그러나 민주적인 어머니가 아이를 아주 잘 기른 듯했다. 하나를 갖고 싶으면 하나를 양보할 줄 아는 아이였다. 그러나 이런 아이들도 문제점은 있다. 그건 바로 공부를 '왜' 해야 하는지 모른다는 것이다.

영균이는 초등학생이니까 그럴 수 있다고 생각하겠지만 내가 만나본 고학년 대부분이 영균이와 같은 단점을 가지고 있었다. 영균이 역시 고학년이 되어서까지 공부하는 이유를 깨닫지 못할 수 있다.

그리고 수업을 하다 아주 흥미로운 사실을 발견했다. 내용이 조금만 어려워도 굉장히 졸려하는 것이었다.

"영균이 어제 몇 시에 잤냐?"

"일찍 잤는데요."

"그런데 왜 이렇게 졸려하냐?"

"그냥 전 수업만 하면 그래요."

가만 들여다보니 영균이는 생각하는 걸 굉장히 싫어하는 타입이었다. 즉흥적인 감으로 정답을 골라내는 유형의 문제는 잘 풀지만 생각을 해야 하는 문제가 나오면 생각하는 시늉도 하지 않고 내 얼굴만 바라봤다. 빨리 정답을 말하라는 눈치였다. 처음에는 영균이의 태도가 이해가 되지 않았지만, 불과 며칠 만에 문제점의 원인을 알 수 있었다.

수업이 있어 집을 방문했더니 어머니가 현관에 서 계셨다. 영균이보다 한 살 어린 조카가 왔는데 수업 시작하기 전에 잠깐 이 아이의 실력을 테스트해 줄 수 없겠느냐고 하셨다. 지방에서 변변한 학원에도 다니지 않고 공부했으니 실력이 어떨지 궁금해하시는 눈치였다.

"그러세요. 친척 아이를 방으로 좀 들여보내 주세요."

잠시 후 영철이가 들어왔다. 경상도 아이였다.

"선생님이 지금부터 몇 가지 물어볼 테니 대답해 봐라."

"저기요, 선생님요. 제가 지금 이거 왜 해야 하는데요?"

아주 자신감 넘치는 목소리가 맘에 들었다.

"너 게임하다 왔지? 이거 10분이면 끝나니까 그때 다시 게임할 수 있다. 그것도 못 참으면 오늘 게임 못 하게 한다."

게임을 못 하게 한다고 엄포를 놓았더니 아이는 테스트에 집중했다.

독서량 부족으로 인한 사고력 저하

영철이는 초등학교 4학년인데도 영어 실력이 아주 좋았다. 독해 능력은 중2 정도 실력이었다. 독해와 문법을 변형해서 물어보았는데도 정확히 대답했다. 그리고 그 자신감.

테스트가 끝나고 어머니가 들어오셨다.

"방학이라 놀러 왔나 봐요?"

"네. 실력이 어떤가요?"

"영철이가 이 근방에 살면 제가 맡아 보고 싶은 아이입니다. 어머님이 걱정 안 하셔도 될 만큼 실력이 아주 뛰어난 아이입니다."

어머니는 조금 이해가 안 되는 듯했다. 학원도 거의 다녀 본 적이 없는 아이가 그렇게 실력이 좋을 수 있다니.

그 이유는 간단하다. 영철이를 10분 정도 봤지만 금방 알아차린 게 있다. 영철이는 독서량이 엄청난 아이였다. 밖에서 아이들하고 뛰어 놀거나 텔레비전 보는 것보다 혼자서 책 읽는 걸 더 좋아하는 아이란 거다. 아무리 학원을 많이 다닌다고 해도 이렇게 독서력이 좋은 아이의 사고력은 따라잡을 수가 없다. 이런 아이들은 사고력이 뛰어나기 때문에 영어뿐만 아니라 다른 과목도 잘할 것이다. 만약 이 글을 읽고 계신 부모님 중에 아이를 똑똑하게 키우고 싶다면 어렸을 때 학원에 보내거나 과외 한두 개 시키는 것보다 책을 많이 읽는 환경을 만들어 주는 것이 더 중요하다는 사실을 알았으면 한다.

내가 다녀 본 많은 집 중에는 사실 텔레비전이나 컴퓨터가 아예 없는 집도 꽤 됐다. 이런 집에서는 자연스럽게 손이 책으로 가게 된다. 아버지는 퇴근해 와서 신문을 본다. 어머니도 가사활동 외에는 책을 읽으면서 시간을 보낸다. 이렇게 늘 집에서 책을 보는 부모 밑에서 자란 아이들은 자연스레 활자화된 매체를 가까이하게 된다. 독서만큼 사고력을 기를 수 있는 좋은 방법도 없다.

영균이가 졸려하는 이유가 극명하게 드러났다. 바로 독서량 부족 때문이었다. 영균이는 머리도 좋고 실력도 있지만 독서를 많이 하지 않아서 사고가 필요한 문제는 받아들이지 못했다. 생각하는 걸 힘들어하고 빨리 정답부터 보고 싶어 했다. 문장 해석도 그렇다. 영어 문장이 조금만 길어지면 대충대충 말을 만들어 문장을 빨리 끝내고 싶어 했다. 긴 문장을 천천히 따지고 어떤 식으로 해석해야 할지 결정해야 할 그 짧은 순간이 그저 괴롭기만 한 거였다. 이런 상태라면 책 몇 권으로 해결되지 않는다. 장기간 논술학원을 다니거나 책에 재미를 붙일 수 있는 환경을 만들어 주어 스스로 책을 읽는 습관을 길러 주어야 한다.

★**영균이의 장점** : 민주적인 부모 밑에서 자랐기 때문에 성격이 모나지 않았다. 변화나 새로운 환경을 두려움 없이 받아들이고 예의 또한 바르다. 또래 아이들에 비해 온화한 성격의 소유자일 것이다. 공부와 관련하여 '왜' 공부를 해야 하는지만 이해한다면 공부에 재미를 붙일 가능성이 높다. 결과보다는 과정에 집착하는 스타일로, 학교 성적이 좋지 않게 나와도 스트레스를 많이 받지 않을 것이다.

★**영균이의 단점** : 공부를 왜 해야 하는지 모른다는 것이다. 경제력이 좋은 집안에서 부족함 없이 자랐기 때문일 것이다. 따라서 열정을 심어 준다면 엄청난 시너지 효과를 발휘할 수 있는 아이다. 또 이런 아이들은 학원을 많이 다녀 혼자 학습하는 능력이 떨어질 가능성이 높다. 사고력이 부족하여 어려운 문제나 생각해야 풀 수 있는 문제가 나오면 대충대충 넘어가려고 하는 성향이 있다.

멘토링 가이드

이런 자녀를 둔 학부모는 아이가 원하는 것을 다 들어주어서는 안 된다. 아이에게 부족함을 알게 해주고 무언가를 성취했거나 원하는 점수를 받았을 때에 보상해 주는 것이 좋다. 또한 결과 역시 과정 못지않게 중요함을 누누이 확인시켜 줄 필요가 있다. 열심히 하는 것으로 괜찮다는 사고방식은 버리는 게 좋다. 경쟁사회다. 다른 사람을 이기지 않으면 아이가 원하는 등수를 얻을 수 없으며 당연히 원하는 대학에도 갈 수 없다. 또 사고력이 부족하기 때문에 독서를 많이 시킬 필요가 있다.

독서는 정말 중요하다. 어린 시절부터 다져진 독서 습관은 방황하기 쉬운 청소년기를 보내는 데도 영향을 미칠 뿐만 아니라 인생 전반에 지대한 영향을 준다. 방학 기간에 독서캠프 같은 것을 활용하여 아이의 사고력을 높여 줄 필요가 있다.

● **경시대회에서 괜찮은 성적을 받아 온 날 부모님이 축구화와 스마트폰을 사주었다.**
= 보상을 통해 성취감을 충분히 맛보게 한 것이며, 이를 계기로 자신이 설정한 목표를 이루기 위해 열심히 하는 모습을 보였다.

● **축구 관련 서적을 읽게 하였다.**

= 사고력을 높이기 위해 흥미를 꾸준히 유지할 수 있는 분야의 책을 선택하였고, 아이도 거부감을 드러내지 않았다.

● **수업 시간에 맨체스터 유나이티드에서 뛰고 있는 박지성 이야기를 들려주었다.**

= 아이가 흥미를 가질 수 있도록 하였더니 박지성이 쓴 책을 가지고 다니면서 읽고 있다.

2

친구들과 노는 게 유치해요

초등 6학년 희윤이

아는 분의 소개로 알게 된 희윤이 이야기를 하고 싶다. 희윤이는 공부를 아주 잘하는 아이였지만 그와는 별개의 문제가 있었다.

겨울비가 내리는 어느 날 저녁이었다.

"안녕하세요? 선생님! 경희 엄마 소개로 우리 아이 영어 수업 좀 해주실 수 있을까 해서 전화드렸어요."

"네, 말씀하세요. 아이가 몇 학년이고 어느 학교를 다니고 있습니까?"

"집 근처에 있는 학교에 다녀요. 공부는 괜찮게 하는 편이고요."

"언제 시간이 괜찮으세요? 제가 아이를 한번 봤으면 합니다."

잠시 후 희윤이의 집으로 향했다. 집에 들어가니 아이 세 명이 있었다. 첫째 아이와 둘째 아이는 연년생이고 막내는 다섯 살짜리 사내아이였다. 그런데 사실 집에 들어가자마자 굉장히 놀랐다. 거실 전면이 책꽂이였기 때문이었다. 자세히 들여다보니 아이들 공부와 관련된 책이 대부분이었고 부모가 읽는 학습서와 시사 일간지도 꽤 되었다.

영어에 흥미를 잃었어요

"큰아이가 학교에서 오는 길인데 금방 도착할 거예요. 애 아빠는 수학 선생님인데 직장 문제로 울산에 가 있어서 아이들이 아빠 얼굴을 한 달에 두 번 정도밖에 못 봐요."

"그러세요."

대답을 하고 있는데 갑자기 다섯 살짜리 아이가 영어 동화책을 들고 조르르 내 앞으로 다가왔다. 약간 당황스러웠지만 기분은 좋았다.

"선생님! 저 이거 읽어 주세요."

"하하하! 어디 보자."

책을 보니 다섯 살짜리가 소화하기 힘든 내용이었다. 호기심이 생겨 일단 영어 책을 소리 나는 대로 읽어 보라고 했다. 그런데 발음이 아주 좋았다. 그리고 거의 모든 단어를 읽어 냈다. 아주 기특했다.

"아이구! 선생님, 초면에 죄송해요."

"아닙니다. 성훈이가 어린데도 영어를 아주 잘하네요. 외국에서 살다 오셨나요?”

“아니에요. 아이들 어렸을 때 원어민 선생님이 집에 오셔서 몇 개월 가르친 적은 있어요.”

“그러시군요. 그 원어민 선생님이 캐나다나 호주 분이셨던 거 같습니다.”

“어떻게 아셨나요? 캐나다에서 오신 분이었어요. 이곳에 공부하러 왔다가 아르바이트 삼아 하셨어요.”

“막내가 영어책을 영국식으로 읽더군요.”

“아, 그런 발음을 아이들이 흉내를 내나 봐요.”

“맞습니다. 사실 우리나라는 미국의 영향을 많이 받아서 미국식 발음을 구사하는데 성훈이가 영국식 발음을 쓰는 걸 보고 좀 놀랐습니다.”

사실 그렇다. 어린아이들은 절대 거짓말을 하지 않는다. 이 아이가 다섯 살밖에 되지 않았지만 원어민 선생님의 영국식 발음을 그대로 흉내 내지 않는가! 아이들은 보고 들은 대로 한다. 선생님한테서 잠깐 배운 것도 이 정도인데 평생을 함께하는 부모한테서는 얼마나 많은 영향을 받을까. 아이들은 인생을 살아가는 방식을 포함해 부모의 모든 것을 무의식적으로 받아들인다. 그래서 아이 앞에서는 말이나 행동을 조심해야 하는 것이다. 부모가 함부로 하면서 아이가 바르게 자라기를 바라는 그것은 욕심이다.

나도 아이들을 가르치지만 어린아이들이 뭔가를 배우는 능력은 정말 대단하다. 마치 스펀지가 물기를 빨아들이는 것 같다.

"희윤이가 예전에는 영어를 참 좋아했는데 언제부턴가 영어에 흥미를 잃었어요. 저렇게 공부를 하기 싫어해서 큰일이에요. 학교 성적은 상위권이지만 이제 곧 중학생이 되는데 좀 더 어려운 내용을 배워야 하는 게 아닌가 싶어요."

또래와 놀지 않는 아이

잠시 후 큰아이 희윤이가 왔다.

"안녕하세요."

인사를 하고 자기 방에 가방을 갖다 놓고 내 앞에 앉았는데 아주 교육을 잘 받은 아이처럼 느껴졌다.

"반갑다. 얼마 있으면 중학생이 된다고? 아빠가 수학 선생님이시니까 수학은 잘할 거 같고 영어가 문제구나. 그럼 선생님이 잠깐 테스트를 해볼 테니 대답을 해봐라."

테스트를 했더니 실력이 좋았다.

"영어 실력이 상당히 좋은 편이다. 희윤아, 너무 걱정하지 않아도 될 거 같다."

중2 교재로 수업을 하기로 하고 며칠 후 수업 시간에 그 집을 다시 방문했다. 사실 처음 만났을 때는 영어만 테스트했기 때문에 아이가 별다른 문제가 없는 듯했다. 그런데 첫 수업 시간에 아이의 문제점이 드러났다.

"희윤아, 너 제일 좋아하는 과목이 뭐냐?"

"특별히 없어요."

"그럼 제일 싫어하는 과목은 뭐냐?"

"체육요."

"왜 아이들하고 밖에 나가서 놀면 좋지 않냐? 운동장에서 피구도 하고 줄넘기도 하고."

"싫어요. 친구들하고 노는 거 유치해요. 매일 이상한 얘기만 하고……."

사실 이 집에 6개월 가까이 다니면서 희윤이가 밖에 나가서 친구들하고 노는 것을 단 한 번도 본 적이 없다. 하루는 어머니에게 내가 물어보았다.

"어머님, 희윤이가 밖에 나가서 아이들하고 놀지 않네요?"

"선생님께서 잘 보셨어요. 제가 사실 그것 때문에 고민이에요. 우리 희윤이가 생각하는 게, 그러니까 정신연령이 다른 아이들보다 높다고 해야 하나? 가끔 아이들하고 놀다가도 싸우기 일쑤고 나가도 몇 분 안 돼서 들어와요. 그리고 누구 앞에서 이야기할 때도 항상 팔짱을 끼고 얘기해요. 제가 몇 번이나 지적을 했는데도 무슨 고민이 그렇게 많은지 6학년짜리가 저렇게 팔짱 끼고 이야기하는 게 다른 사람들 눈에 버릇없어 보일 텐데…… 고치려고 몇 번이나 시도를 했는데 안 되네요. 그리고 또래 아이들하고 노는 게 싫다고 항상 집에서 컴퓨터로 공부만 해요. 컴퓨터가 자기랑 수준이 맞다고 생각하나 봐요. 애들 아빠도 저렇게 사교성 없이 집에서 컴퓨터만 하는 희윤이 때문에 고민이 이만저만이 아니에요."

"수업할 때에 참고하겠습니다."

희윤이는 사실 또래 아이들에 비해 정신적으로 굉장히 성숙한 아이였다. 수업 시간에도 6학년 아이라고는 믿기 힘들 정도로 중·고등학생들이나 할 법한 질문을 하곤 했다. 다른 아이들과의 경쟁심도 굉장했다. 지기 싫어하는 성격이라 성적이 친구들보다 안 좋게 나오면 엄청나게 스트레스를 받았다.

하루는 수업을 하려고 책을 찾고 있는데 희윤이가 뭔가 심각하게 생각하고 있는 눈치였다. 여전히 팔짱을 낀 상태였다.

"뭔 생각을 그렇게 하냐?"

"저희 반에 연희라는 애가 있는데요. 걔가 외국에서 살다 왔는데 매일 영어로 얘기해요. 완전 싫어요. 그리고 영어 시험도 6학년 내내 100점이었어요. 제가 노력하면 연희를 이길 수 있을까요?"

"외국에서 오래 살다 왔다고 해서 공부를 잘하는 것은 아니다. 초등학교 때까지는 대부분 스피킹이나 리스닝에 맞춰져 있어서 너보다 잘할 수 있어도, 중학교나 고등학교에 가면 어려운 독해와 문법을 공부하기 때문에 너보다 못할 수 있다. 걱정하지 말고 선생님하고 열심히 하자!"

그러고 나서 몇 분 후, 희윤이는 자기보다 공부 잘하는 또 다른 아이 이야기를 꺼냈다. 그리고 수업 시간 틈틈이 자신보다 공부를 잘하는 아이들에 대한 이야기를 여러 번 털어놓았다. 남보다 못한 자신 때문에 스트레스를 많이 받는 듯 항상 뭔가를 고민하고 불안해했다.

★**희윤이의 장점 :** 수업 태도가 굉장히 좋다. 항상 배우려고 하는 열정이 있었고 적당한 동기부여만 되면 힘든 과제나 책도 소화하려고 노력했다. 집에 늦게 들어오거나 성적과 관련된 부분에서 부모님 속을 썩이는 스타일은 아니었고 숙제도 거의 완벽하게 했다.

★**희윤이의 단점 :** 친구들과 사귀지 못하고 친구들과 노는 것이 그저 유치하고 따분하다고 생각하는 듯했다. 그리고 경쟁심이 지나칠 정도로 강했다. 항상 뭔가를 고민하고 있는 듯했고 중간고사나 기말고사에서 성적이 조금만 떨어져도 굉장히 스트레스를 받았다. 동생과도 그렇게 사이가 좋은 편이 아니었고 성적에만 항상 연연했다.

멘토링 가이드

아이가 이런 유형에 속한다면 부모는 무엇보다 아이가 다른 아이들과 어울릴 수 있는 환경을 만들어 주어야 한다. 공부를 싫어하는 아이가 아니기 때문에 공부를 통해 또래 아이들과 어울리게 하는 것이 좋은 방법이다. 혼자 수업을 받는 것보다 그룹 수업에 동참하게 해보자. 또래 아이들 중에도 실력이 괜찮은 아이가 있다면 지금 아이가 보는 것보다 조금 어려운 교재로 수업을 하면서 여러 명이 함께 토론하는 수업을 경험하게 하는 것이다. 이렇게 일대일 과외를 한다거나 계속해서 컴퓨터 앞에 앉아서 혼자 공부하게 내버려 두지 않는 것이 아이 성격 형성에 도움이 된다.
또 성적 때문에 스트레스를 심하게 받기 때문에 공부 외적인 부분으로 시선을 돌리게 할 필요가 있다. 남자아이라면 태권도, 여자아이라면 피아노 같은 과외를 시켜 보는 것이 좋다. 그리고 이런 아이는 결과보다 과정을 중요하게 여기도록 키워야 한다. 좋은 성적을 받지 못했더라도 어떤 대회나 행사에 참여하는 것만으로도 의미가 있다는 것을 인정하게 하여 성적에 대한 부담감을 떨쳐 버리게 하는 것이 좋다.

● **문화센터에서 운영하는 토론식 글짓기 교실에 가입하게 했다.**
= 물론 희윤이의 문제점에 대해 부모님과 충분히 이야기를 나눈 후 결정한 사항이었다. 글짓기 교실에서 만난 같은 반 아이를 사귀게 되었고, 집에서 같이

놀게 되었다. 희윤이는 더 이상 과거처럼 혼자서만 지내려고 하지 않는다.

● 경쟁심이 강한 다른 제자들에 대한 사례를 들려주었다.

= 남을 이기려는 학생보다 친구를 도와 가며 함께 공부하는 학생이 오히려 공부를 잘하는 경향이 있다는 이야기에 반응을 보였다. 좀 더 또래 친구들을 잘 이해하려고 하는 듯했다.

● 장애인들과 함께하는 비누 만들기 행사에 참여하게 했다.

= 장애를 가진 아이들과 협동심을 발휘해야 하는 활동을 통해 결과보다 과정이 더 값지다는 생각을 갖게 해주었다. 또 이런 공부 이외의 활동을 통해 성적에 대한 강박관념을 떨쳐 버리게 해주었다. 그 후로 수업 시간에 성적과 관련된 이야기를 하는 횟수가 적어졌다.

우리 아이 황소고집, 이제 보니
엄마인 내가 만들었구나!

중2 정은이

아이는 민주적인 집안에서 자라게 해야 한다고 생각하겠지만 꼭 그렇지만은 않다. 이번에 들려줄 정은이의 일화가 이런 사실을 잘 보여 준다. 이 유형에 속하는 부모는 권위형 부모가 자식을 대하는 태도를 배울 필요가 있다. 뭐든 장점이 있으면 단점이 있는 법이다.

찌는 듯한 더위가 기승을 부리던 7월의 어느 날 한 어머니가 전화를 하셨다.

"안녕하세요, 선생님."

전화상으로 들리는 목소리에서 벌써 아주 신중한 분이라는 느낌이 전해졌다.

"우리 둘째 아이가 그동안 몸이 아파서 공부를 많이 시키지 못했어요. 그러다 보니 학교 성적이 엉망이네요.”

“아! 그러세요. 혹시 학원이나 과외 경험은 있나요? 외국에 잠깐 갔다 왔거나요.”

“9개월 정도 과외를 했어요. 아이가 몸이 많이 안 좋다 보니 웬만하면 집에서 할 수 있는 걸 시켰어요.”

9개월이나 과외를 했다는 말에 별 걱정을 안 해도 될 거 같다고 생각했다. 어머니는 첫째 아이에 대해서도 이야기했다.

“첫째가 고등학교에 들어갔는데 다른 과목에 비해 영어 성적이 잘 안 나오네요. 그래서 둘째는 첫째하고는 다른 방식으로 영어를 가르쳤으면 해서요. 영어는 사실 수능에 독해하고 듣기만 나오는데 제가 스피킹이나 라이팅 같은 것들을 너무 시킨 게 아닌가 싶어서요.”

사실 그렇다. 고등학교 수험생을 둔 부모님들은 아시겠지만 점수에 도움이 되는 공부를 해야 한다. 스피킹이나 라이팅은 현재 대학을 가는 데 아무런 도움이 되지 않는다. 어렸을 때 잠깐 영어에 대한 두려움을 없애기 위해서 공부하는 것은 괜찮으나 고학년으로 갈수록 이런 것들은 지양하는 것이 좋다.

이런저런 이야기를 한 후 아이 집을 방문했다. 집에 가보니 집안 분위기로 봐서는 검소한 집이었다. 거실에는 텔레비전이 없었다. 교육을 중시하는 분위기를 읽을 수 있었다.

좋아하는 공부만 하는 아이

잠시 후 아주 예쁘게 생긴 아이가 나왔다. 예의도 바르고 민주적인 부모님 밑에서 바르게 자란 아이인 듯했다. 테스트를 잠깐 했는데 문법 실력이 괜찮아 또래 아이들에 비해 실력이 나을 거라고 생각했다.

그러나 그건 착각이었다. 첫 수업 시간이었는데 과거에 배웠던 교재를 보자고 했더니 딸랑 문법책 한 권을 가져오는 것이 아닌가. 독해는 프린트로 했는데 양이 너무 적어서 내가 뭐라고 말할 수가 없었다. 아이 독해 실력과 단어 실력이 심히 걱정되었다.

아니나 다를까 독해를 몇 개 시켜 봤더니 몇 줄 해석하기도 벅찼다. 그런데 더 큰 문제는 단어였다. 지금까지 교과서에 나오는 단어 외에는 한 번도 단어 공부를 해본 적이 없다는 거였다. 기존 과외 선생님이 도대체 아이를 어떻게 가르친 건지 이해가 되지 않았다.

그리고 정은이는 고집이 정말 황소고집이었다. 민주적인 집안에서 자라다 보니 억지로 해야 하는 것들은 다 싫어했다. 좋아하는 공부만 하고 싶어 했고, 말끝마다 토를 달았다.

민주적인 부모님들은 대체적으로 아이에게 매를 대지 않지만 아이에게 매는 필요악이다. 나도 원칙적으로는 체벌에 반대하지만 그래도 매를 들 때는 들어야 한다고 생각한다.

다음 시간이 되었는데, 정은이는 내가 내준 단어 암기 숙제를 거의 하지 않았다. 어머니는 "제가 매일 외우고 검사 맡으라고 했는데 정은이가 안 외우네요"라고 말씀하실 뿐이었다.

그래서 내가 이렇게 말했다.

"회초리로 따끔하게 혼을 내지 그러셨어요?"

"그렇게 했어요. 정은아! 엄마한테 혼났지?" 하고 아이한테 물어보는데 이 어머니가 회초리를 드셨다는 게 어떤 의미인지 이해가 가지 않았다. 내가 보니 아이가 몸도 아프고 해서 엉덩이 몇 대 때리고 만 듯했다. 그건 혼내는 게 아니다. 실제로 내가 가르쳐 본 아이들은 부모가 엄할수록 성적이 좋고 훨씬 더 예의가 바른 경우가 많았다. 민주적인 집안이라고 다 좋은 건 아니다. 이렇게 황소고집으로 자랄 수도 있는 것이다.

수업을 하는데 아이의 고집을 꺾지 않으면 도저히 안 되겠다는 느낌이 들었다. 나는 여자아이라고 봐주지 않는다. 특히 수업 태도가 엉망이거나 성의가 없거나 고집이 센 아이들은 버릇부터 고치고 본다.

좋지 않은 습관들

단어가 잘 안 외워지면 쓰면서 외워 보라고 했더니 노트를 꺼내서는 대문짝만 한 글씨로 그 넓은 노트에 대충대충 쓰는 게 아닌가. 단어 네다섯 개 쓰니 노트가 꽉 찰 정도였다. 또 글씨를 쓸 때 귀찮은지 왼손은 올리지도 않고 오른손만 끼적거리고 있었다. 태어나서 지금까지 노트 정리도 전혀 안 해봤는지 볼펜 잡는 것도 형편없었다. 저런 식으로 펜을 잡게 되면 조금만 글씨를 써도 팔이 아프다.

"너 그래서 단어가 외워지겠나?"

"전 이러면 잘 외워져요."

분명히 본인도 잘못됐다는 걸 알 텐데 자신이 옳다고 되받아쳤다. 말끝마다 토를 다는데 더 이상은 참기가 어려웠다.

"글씨 쓸 때 왼손 올리는 거 모르냐. 너희 엄마한테 도대체 뭘 배웠냐?"

정은이가 자세를 바로잡았다. 노트를 뺏어서 세로로 6줄을 그어서 첫 번째 칸은 스펠링, 두 번째 칸은 단어의 뜻, 세 번째 칸은 한글로 읽은 발음을 쓰는 법을 보여 주고 똑같이 쓰게 했다(읽기가 잘 안 되는 아이에게만 이런 방법을 쓴다). 그런데 두 줄 쓰고는 몸을 비비 꼬기 시작했다. 다섯 줄을 넘어가니 한숨까지 쉬는 게 아닌가.

"얘가 지금 3분도 안 지났는데. 정말 혼이 나야겠구나. 한 번도 노트 정리를 해보거나 쓰면서 뭘 외워 본 적이 없구나!"

나의 잔소리는 계속되었다. 10분 정도가 지났을까 급기야 정은이가 눈물을 터뜨렸다. 눈물방울에 노트가 찢어졌다. 나는 그래도 아랑곳하지 않았다.

"계속 써라!"

기어이 노트 한 페이지를 다 썼다.

"잘 봐라. 이것이 성의라는 거다. 이것이 노력이라는 거다. 네가 단어 숙제를 안 해왔을 때는 최소한 네가 노력이라도 했다는 것을 보여 줘라. 알겠냐?"

정은이가 계속해서 울었다.

어머니가 안방에서 잠깐 나왔다가는 다시 방으로 들어가셨다. 이렇게 고집이 센 아이들은 갖은 수단과 방법을 동원해서라도 고집을 꺾어 놔야 한다. 그렇지 않으면 정상적으로 수업하기가 힘들다.

수업이 끝나자 아이는 얼굴을 씻기 위해 욕실로 들어갔다. 어머니가 나오셨다.

"제가 혼내려고 몇 번이나 했는데도 마음이 약해서…… 죄송합니다, 선생님."

"아닙니다. 앞으로 정은이랑은 당분간 진도 나가지 않겠습니다. 공부하는 습관부터 고치겠습니다."

★**정은이의 장점** : 상당히 합리적이다. 부모가 아이 의견을 존중하면 아이는 아주 예의 바르고 특별히 부모 속을 썩이지 않는 아이로 자란다. 정은이도 그런 경우다. 또 정은이는 급우들과의 관계도 대단히 좋은 편이다.

★**정은이의 단점** : 고집이 세다. 본인이 잘못됐다는 것을 알면서도 고치지 않고 계속해서 본인이 옳다고 주장하며 말끝마다 토를 달았다. 또 하고 싶은 공부만 하려고 하며 조금이라도 힘들거나 어려운 문제가 나오면 선생님에게 조르르 달려가기 쉽다.

🌸 멘토링 가이드 ────

이런 아이를 둔 부모는 아이에게 항상 과정보다는 결과가 중요하다는 사실을 인식시킬 필요가 있다. 또 민주적인 부모라도 아이에게는 때로 권위가 필요함을 알아야 한다. 혼을 낼 때는 회초리를 들어 심하게 혼을 내는 것이 좋다. 그러나 이런 부모는 아이를 혼낼 때도 훈계나 회초리 몇 대 때리고 마는 게 다다. 그러고는 "마음이 아파서 더 이상 못 때리겠다", "아이가 몸이 아파서 못 때리겠다"고 한다. 그러나 이는 자녀를 위하는 길이 아니다. 부모인 내가 심하게 할 자신이 없는데 어떤 선생님이 이걸 대신 해줄 것인가. 나도 선생이지만 사실 이런 집 아이를 맡으면 대단히 힘들다.

또 아이에게 노트 정리와 연필 잡는 법도 가르치자. 이것은 우등생의 공부 습관이다. 평소에도 공부한 내용을 정리하는 습관을 들이자. 공부의 능률을 높이고 고득점을 받는 첫걸음이다.

● 정은이를 위해서라도 어머니가 변해야 한다는 것을 알려 드렸다.

＝어머니가 마음이 약한 편이라 변화하기까지 상당한 시간이 걸렸다. 그래도 어느 정도 시간이 흐르자 아이가 힘들다고 달려올 때마다 무조건 받아만 주던 어머니가 혼을 내는 모습을 볼 수 있었다.

● 숙제를 안 해오면 다른 아이의 수업에 데리고 다니면서 숙제를 하게 했다.

＝다른 아이 수업 시간에 날 따라다니면서 숙제하는 것이 힘들고 친구들 보기에도 창피하다고 느꼈는지 그 이후로는 숙제를 안 하는 경우가 거의 없었다.

● 잘못된 필기 습관과 공부 자세를 고칠 수 있도록 지도하였다.

＝항상 양손을 책상 위에 올려놓게 해 바른 자세를 유지하도록 했고, 볼펜 잡는 방법을 책에서 복사해 책상 앞에 붙여 놓게 했다. 이런 식으로 수업시간에 바른 자세를 가질 수 있도록 지도했으며, 덕분에 상당 부분 교정되었다.

※여자아이라고 해서 남자아이와 다른 방식으로 체벌을 가하는 것은 좋지 못한 방식이다. 버릇을 고칠 때까지는 남자아이들 다루듯이 무섭게 몰아붙이는 것이 좋다고 생각한다.

4

엄마! 나 마마보이야?

중3 동훈이

어느 날 한 어머니가 아는 분 집에 갔다가 전단지를 보고 내 프로필과 공부 방식이 마음에 들었는지 전화를 하셨다.

"과외 전단지 보고 영어 수업 좀 받고 싶어서요."

"네, 말씀하세요."

목소리 음색이나 억양에서 성격이 급한 분이라는 느낌을 받았다.

"우리 동훈이가 중학생인데 수학 실력은 상당히 좋은데 영어 성적은 잘 나오지 않네요. 단어 외우는 것도 너무 싫어하고요."

"동훈이가 전교에서 몇 등 정도 하나요?"

"학교에서는 거의 최상위권이에요. 사실 저는 중학교 과정보다는 고등학교 과정에 맞춰서 수업을 해주셨으면 해요."

이런저런 이야기를 하고 약속 날짜를 정한 후 집을 방문했다.

과외를 맡기는 어머니들의 유형

옷매무세를 가다듬고 벨을 눌렀더니 동훈이 어머니가 반갑게 웃으면 맞아 주셨다. 생각보다 굉장히 마르신 분이었다. 통상 아이를 맡기는 어머니는 두 부류다. 첫째는 선생님에게 수업 방식이나 교재 선정 등 아이 수업과 관련된 거의 모든 부분을 맡기는 분, 둘째는 교재 선정부터 수업 방식까지 자녀의 수업에 상당 부분 관여하시는 분. 대부분은 전자에 속하지만 동훈이 어머니는 후자였다.

동훈이가 학교에 가 있는 동안 어머니와 단둘이 대화를 나누면서 동훈이에 대한 자세한 이야기를 들을 수 있었다.

"동훈이가 공부를 꽤 하니까 고등학교 과정 위주로 수업을 해주세요. 교재는 뭘 쓰시나요?"

"이 교재를 쓰고 있습니다."

"음, 시중에 더 유명한 교재가 많은데 그걸로 가르쳐 주세요."

"알겠습니다."

나는 무조건 부모가 원하는 방향으로 하려고 노력한다.

"숙제 양은 어느 정도인가요? 그리고 한 달쯤 후면 우리 아이 성적이 올라갔는지 알 수 있을까요?"

순간 처음부터 끝까지 선생님에게 맡기지 않고 모든 걸 관여하겠구나 하는 느낌이 들었다. 그래서 내 수업 방식에 대해서 말씀을 드리고 웬만한 재량권은 양보하시라고 말씀드렸다. 그랬더니 어머니가 말씀하셨다.

"네, 선생님 말씀도 맞아요. 그런데 선생님, 그거 아세요? 이 세상 모든 엄마들은 겁쟁이라는 걸요. 제가 이렇게까지 아이에게 신경을 쓰는 건 혹시라도 아이가 잘못될까 봐서예요. 우리 애 아빠도 하나부터 열까지 간섭하는 제가 옳지 못하다고 하지만 어쩌겠어요."

어머니 얘기를 듣고 있으려니 내가 죄인이 된 듯했다. 만약 최선을 다해서 수업을 해보고 효과가 없으면 아이의 의견을 참고해 다른 방법을 강구해 볼 수 있지 않겠는가. 너무 일방적인 부모인 듯했다.

동훈이가 아직 오기 전이었지만 어머니가 수업을 하자고 결정하셨다. 첫 수업 날 동훈이 방에서 좀 기다리고 있자 동훈이가 들어왔다. 그 순간 놀라움을 금할 수 없었다. 중3이라고 믿기 힘들 정도로 나이가 들어 보였기 때문이다. 실력은 좋았다. 고2 정도의 실력이랄까. 그런데 수학을 너무 좋아해서 영어를 꾸준히 하지 않으려고 하는 경향이 있었다.

지난번 과외 선생님과 공부했던 교재를 보니 동훈이 수준에서 한참 뒤떨어진 교재였다. 이런 경우 아이는 공부에 흥미를 잃을 뿐만 아니라 선생님에 대한 존경심도 생기지 않는다.

엄마가 너무 무서워요

나는 고2 교재로 시작했다. 좀 어려운 듯했지만 이런 부류의 아이들을 잘 알고 있었기에 망설이지 않았다. 단어와 문법만 조금 열심히 하면 고등학교에 가서도 고전하지 않을 것이다. 그리고 성실한 아이라 동기부여만 된다면 영어 실력을 꾸준히 유지할 수 있을 것이었다.

그런데 그건 착각이었다. 어머니 때문이었다. 그날 수업을 마치고 문밖으로 나가는데 기절하는 줄 알았다. 어머니가 아이 방문 바로 앞에다 의자를 갖다 놓고 신문을 보고 계시는 게 아닌가! 이 어머니는 아이의 모든 것을 그렇게 관찰하고 계셨다. 수업 시간에 무슨 이야기가 오가는지 들어야 할 정도로 집착이 매우 강했고 아이에게 자율을 허락하지 않았다. 그제야 어머니가 심하게 마른 이유와 동훈이 외모가 지나치게 나이 들어 보이는 이유를 알 것 같았다.

하루는 이런 일도 있었다. 들어가자마자 문법의 일정 부분이 시험 범위니 오늘은 이 부분에 대해 설명을 해달라고 하셨다. 그래서 수업 시작하기 전에 설명을 잠깐 했는데 아이가 거의 다 알고 있어서 원래대로 진도를 나갔다. 수업이 끝나고 집을 나서는데 한 20미터쯤 갔을까 동훈이한테 전화가 왔다. 방금 수업이 끝났는데 무슨 일인가 싶었다. 그랬더니 전화기 저 멀리서 어머니 목소리가 들려왔다.

"너 이거 배웠다며 왜 설명을 못하니? 배운 거 확실해?"

아이를 쥐 잡듯 혼내고 계셨던 것이다.

며칠 후 다시 집을 방문했을 때 동훈이에게 물어봤다.

"동훈아, 너 문법을 잘 알고 있던데 왜 엄마에게 말 안 했냐?"

"전 엄마가 너무 무서워요. 수업 끝나자마자 물어보는데 무서워서 대답을 할 수가 없었어요."

이렇게 아이를 닦달하는 부모가 상당히 많은 걸로 알고 있다. 사실 동훈이 어머니는 전형적인 집착형 또는 간섭형 부모다. 그러나 이 글을 읽고 계신 부모님들도 아시겠지만 모든 일에는 정도가 있는 법이다. 동훈이 어머니는 정도가 좀 지나쳤다.

이런 집 아이들은 스트레스를 심하게 받는다. 매사를 간섭하고 엄마가 정한 규칙대로 생활하는 아이는 로봇일 뿐 한 명의 인격체가 아니다. 이런 집에서 자란 아이는 부모가 무서워서 고민이 있어도 부모에게 털어놓지 못한다. 그래서 대부분 부모와 아이의 관계가 좋지 않다. 또 아이가 불안해하는 경향도 있다.

★**동훈이의 장점 :** 아이가 딴짓을 할 가능성이 거의 없다는 것이다. 보통 이런 아이들은 성실하고 기초실력도 아주 튼튼하다. 그리고 부모의 기대에 부응하기 위해 노력하기 때문에 우등생인 경우가 많다.

★**동훈이 단점 :** 항상 불안해하는 경향이 있었다. 고민이 있으면 부모님에게 털어놓아야 하지만 근본적으로 동훈이를 믿지 못하는 어머니 때문에 스트레스를 상당히 많이 받았다. 동훈이 어머니는 영어 이외의 다른 과목도 오직 집에서만 수업을 받게 했으며 일체의 바깥 활동을 허락하지 않았다. 이런 간섭형 부모 때문에 동훈이 스스로 어떤 행동을 결정하려는 주체성이 결여되어 있었다.

이런 유형의 학부모는 우선 아이에게 지나친 스트레스를 주지 않도록 해야 한다. 아이들은 학업 성적이 대부분 좋기 때문에 공부 외적으로 받는 스트레스를 줄여 주는 것이 좋다. 좋은 대학에 가는 것만이 전부가 아니라는 것을 부모가 먼저 인식하고 아이의 편에서 생각하는 습관을 들여야 한다.

학원이나 과외 선생님을 바꿀 때에도 아이의 의견을 존중할 필요가 있다. 그렇지 않을 경우 아이가 사회에 나갔을 때 경쟁 환경에 적응하지 못하고 마마보이 성향을 보일 가능성이 짙다. 아이의 공부에 대한 열정이나 의욕이 다른 아이들에 비하여 부족한 것이 부모인 나에게서 비롯되었을 수 있다는 사실을 잊지 말아야 한다.

● 어머니와의 관계 개선이 우선이었다.

= 어머니가 동훈이의 성적에 관심을 줄이고, 공부 외적인 부분에 관심을 가지실 것을 말씀드렸다. 물론, 많은 대화가 필요했다. 아이 의견은 존중하지 않고 다짜고짜 소리만 지르시던 어머니가 차츰 인내심을 가지고 동훈이를 대하게 되었다.

● 동훈이에게는 엄마의 신뢰를 얻도록 하였다.

= 동훈이가 엄마를 대하는 태도에 문제가 있을 수 있음을 강조했다. 엄마로부터 신뢰를 얻어야 엄마도 심한 간섭을 하지 않고 자율에 맡길 거라는 사실을 인지시켰다. 그러자 동훈이가 자신의 의사를 엄마에게 정확하게 전달할 줄 알게 되었고, 엄마를 좀 더 이해하고 엄마의 의견을 존중하려는 변화를 보이게 되었다.

5

아르바이트하면서도
단어를 외워야겠어!

일이 있어 지방에 가다가 열차 안에서 전화를 받았다.

"우리 아이 반 친구가 실력이 많이 향상되었다고 해서 전화드렸어요. 우리 아이가 쌍둥이인데 큰아이 영어 실력이 형편없어서 수업 좀 받고 싶어서요."

"성적이 어느 정도인가요?"

당시는 중3 말에서 고등학교 올라가기 직전인 방학 기간이라서 수능 등급은 물어볼 수 없었다.

이 아이처럼 중3 겨울방학을 보내고 있는 아이를 둔 부모가 많을 것이다. 인생에서 중요한 순간이 있는데 그중 한 순간을 꼽으라면 나는 주저 없이 이 시기를 꼽는다. 중3 11월부터 이듬해 3월 고1 입학할 때까지다. 이 시기의 아이들은 해이해지기 쉬운데 절대로 그래서는 안 된다. 영어라면 문법을 처음부터 끝까지 2~3회 시켜야 하고 수학은 최소 고1 과정인 공통수학까지는 끝내야 한다.

공부는 어느 순간 어려워지고 그때부터 따라가기 힘든 법이다. 중학교 때까지는 수능시험에 대한 부담이 없어서 별 걱정이 없다가도 고등학교에 올라가면 수능 모의고사 때문에 엄청난 스트레스를 받는다. 따라서 이 기간 동안 많은 준비를 해둘 필요가 있다.

나에게 전화한 이 어머니도 그 중요성을 알고 계신 듯했다.

"호진이가 기초가 너무 없어요. 주의도 산만하고요. 걱정이 이만저만이 아니에요."

그 대답을 듣는 순간 권위적이거나 무관심형 부모는 아니란 것을 알 수 있었다. 민주적이고 아이 의견을 존중하는 집안 같았다.

사실 이 가정의 아버지와 나는 친분이 두터운데 아버지가 상당히 가정적인 분이다. 매일 일찍 귀가하고 아이들이 원하는 학습 자료나 영어 단어 암기를 도와주는 '깜빡이' 같은 것에도 관심이 많다.

다정다감한 아버지

하루는 호진이 집에 수업을 하러 가는데 약봉지를 사들고 가는 호진이 아버지가 나를 먼저 보시고 알은체를 하셨다.

"아이고! 안녕하세요, 선생님!"

"안녕하세요, 아버님. 웬 약봉지인가요?"

"호진이가 감기 기운이 있는지 몸이 안 좋아서요."

아픈 아이를 위해 약을 사다 주는 건 부모로서 당연히 해야 하는 일인데도 왠지 호진이 아버지가 자식을 사랑하는 마음이 잘 전달되었다.

또 이런 일도 있었다. 호진이는 단어 실력이 굉장히 부족한 아이다. 사실 처음 봤을 때 정말 깜짝 놀랐다. 중3 때였는데 초등학교 5학년 정도의 실력이었다. 단어 외우는 것을 너무 힘들어해 깜빡이 얘기도 했었는데 어느 날 수업이 끝나고 집에 가려는데 호진이 아버지가 먼저 말을 꺼내셨다.

"호진이 학습에 필요한 전자사전하고 깜빡이를 사주고 싶은데 어떤 제품이 좋습니까?"

내게 괜찮은 제품을 추천해 달라고 하는 모습이 여느 아버지와는 달랐다.

이 책을 읽고 계시는 부모님들 중에 특히 회사 일 때문에 바쁘다는 핑계로 아이들 교육에 무관심한 아버지가 있다면 지금 소개하는 호진이 아버지를 닮아 갔으면 좋겠다. 호진이 아버지는 그 정도로 좋은 표본이다. 내가 가르쳤던 어떤 아이의 부모는 안방에서 하루 종일 드라마만 봤다. 자식이 공부하느라 방에서 과외하고 있는 동안에 부모가 텔레비전 시청만 하는 것은 올바른 태도가 아니다. 텔레비전 볼 시간에 아이의 학습 도구나 성적에 조금만 신경을 쓴다면 아이도 부모 마음을 더 잘 이해할 수 있을 것이다. 그렇게 하는 게 크게 수고로운 일도 아니라고 생각한다.

수업이 시작되었다. 사실 호진이는 기초실력이 없어 가르치기가 너무 힘들었다. 정말 중3 때까지 영어가 아닌 다른 외국어를 배웠나 싶을 정도로 실력이 형편없었다. 1시간 30분 동안 지문 두 개 나가기도 힘들었다. 그리고 처음 만났을 때 내 눈을 똑바로 쳐다보지도 못했다. 그건 자신감이 없다는 표현이었다. 그만큼 영어 공부를 해본 적이 없는 아이였다. 그러나 나는 호진이가 잘할 수 있을 거라 생각했다. 왜냐하면 근성이 있었기 때문이다. 나는 근성을 '한 방'이라고 생각한다.

아르바이트하는 중3

한번은 이런 일도 있었다. 내가 매일 단어를 40개씩 외우는 숙제를 내줬는데 근처에 사는 다른 아이 수업을 갔다가 집으로 돌아오는 길에 호진이를 보게 되었다. 그런데 정말 눈물이 날 정도로 감동했다. 호진이는 부모의 동의를 얻어 중·고등학교 다니는 동안 아르바이트를 하고 있었다. 호진이 부모님은 호진이가 자기 힘으로 돈을 벌어 쓰는 경험을 하도록 시키고 싶으셨을 것이다. 어떤 부모는 그 시간에 공부나 한 자 더 하라고 하겠지만 나는 이런 것들이 오히려 공부를 더 잘할 수 있게 하는 밑거름이 된다고 생각한다. 힘들게 일한 날은 밥맛이 더 좋다는 것을 깨달을 수 있는 좋은 기회일 것이다. 그런 이유에서 호진이한테 아르바이트를 허락했을 아버지의 판단을 나는 높이 산다.

호진이는 배달 아르바이트 중이었는데 구슬땀을 흘리며 물건을 옮기고 있었다. 가서 도와주고 싶을 정도로 힘들어 보였지만 모른 척하는 게 낫겠다 싶어 발걸음을 돌리려고 했다. 바로 그때 호진이가 바지 뒷주머니에서 내가 준 단어장을 꺼내 물건을 들고 오고 가면서 단어를 외우는 것이 아닌가! 내가 수업 시간에 단어가 부족하다고 여러 번 얘기해서인지 그렇게 해서라도 단어를 외우려는 것 같았다. 정말 기특했다.

지금도 호진이를 맡고 있다. 사실 내가 과외를 하는 집 중에 가장 좋아하는 집이다. 과외비를 떠나 이런 아이를 가르친다는 것은 정말 행운이라고 생각한다. 이 집에 수업하러 가는 날이면 그렇게 기분이 좋을 수가 없다.

지루한 방학이 끝나고 고1 첫 번째 내신 중간고사를 치렀다. 워낙 실력이 부족했던 아이라 별 기대를 하지 않았다. 잘 받으면 60점일 것이다. 사실 3개월 열심히 했다고 해서 영어 점수를 잘 받기는 힘들다.

그런데 호진이 아버지가 재밌는 이야기를 들려주셨다. 수업이 끝나서 집에 가려고 하는데 아버지가 기분 좋은 일이 있으신지 얼른 현관 앞으로 나오셨다.

"우리 호진이 영어 점수가 72점이 나왔어요. 호진이가 72점 받고 좋아서 그날 엄마한테 시험 끝나자마자 문자를 보냈지 뭡니까! 우리 아이가 이번 시험으로 자신감이 정말 많이 생겼습니다. 다 선생님 덕분입니다. 정말 감사드립니다."

"아휴! 별말씀을요. 호진이가 열심히 한 결과죠."

집으로 돌아오는데 정말 기분이 좋았다.

또 호진이와는 다른 에피소드도 있다. 호진이를 맡게 된 지 얼마 되지 않았을 때 어머니와 통화를 하다가 이런 말을 들었다. 호진이한테 쌍둥이 동생이 있는데, 동생이 공부를 잘해서인지 형을 조금 무시하는 거 같다는 거였다. 동생이 자기가 형보다 낮다고 생각하는 모양이었다.

사실 과외 선생으로서 이런 말을 들으면 수업 시간에 직접적으로 이야기는 하지 않아도 아이에게 동기부여를 많이 해주려고 한다.

"호진아! 너 자신이 열심히 노력해서 친구들이나 부모님께 인정받으려고 해야 한다. 넌 매일 게임이다 뭐다 해서 친구들하고 놀러 다니면서도 공부는 잘하고 싶어 하는데 그건 도둑놈 심보다. 어떻게 남보다 노력하지 않고 점수를 잘 받기 원하느냐. 세상에 그런 일은 일어나지 않는다."

여러 방면으로 아이에게 동기부여를 하기 위해 노력했다.

성적이 올라가서인지는 몰라도 호진이는 자신감을 많이 회복했다. 지금은 호진이를 가르친 지 8개월 정도 되었는데 고등학교 상반에 있다. 공부 방법도 많이 알게 되어 처음에는 독해 두 개 나가기도 힘들어했는데 지금은 여덟 개로 늘었다.

★**호진이의 장점 :** 근성이 있다. 즉, '한 방'이 있다. 동기부여만 제대로 된다면 공부에 취미를 붙일 수 있는 아이다. 따라서 선생님을 잘 만나는 것이 중요하다. 또 집안이 민주적이고 부모가 아이들을 활달하게 키우려고 하기 때문에 성적이 잘 나오지 않아도 스트레스를 심하게 받지 않는다. 한번 성적이 올라가면 수직으로 상승할 가능성이 높다.

★**호진이의 단점 :** 기초실력이 없다. 게다가 열정도 없기 때문에 자칫 잘못하면 공부를 영영 싫어하는 아이로 자랄 수도 있다. 또 부모님이 무섭게 하지 않기 때문에 공부 외적인 것에 관심이 많고 영어뿐만 아니라 다른 과목도 전체적으로 점수가 낮을 가능성이 높다. 저학년 때부터 기초실력을 쌓아야 하는 이유다.

멘토링 가이드

자신의 아이가 이런 유형에 속한다면 부모 중 한 분은 악역을 맡을 필요가 있다. 잘못을 했을 때는 심하다 싶게 혼내야 한다. 호진이는 동기부여도 적절했고 성적 향상이라는 노력의 결과도 따라 주었기 때문에 자신감을 얻는 등 긍정적인 변화가 나타났지만 부모님 두 분 다 너무 민주적이라면 아이가 공부 외적인 것에 더 관심을 가질 가능성이 많다. 남자아이라면 게임에, 여자아이라면 사춘기라서 외모에 관심이 많을 것이다. 따라서 최대한 이런 것들을 지양할 수 있도록 다소 권위적일 필요가 있다.

또 기초실력이 없기 때문에 시간이 걸리더라도 현재의 진도를 나가는 동시에 저학년 책으로 수업을 병행할 필요가 있다. 영어는 단기간에 되는 과목이 아니다. 따라서 기초실력과 열정이 없는 아이들에게는 매일 일정량을 학습시킬 필요가 있다. 또 동기부여를 끊임없이 해줄 선생님을 찾는 것도 한 방법이다. 아이들은 성격도 좋아하는 것도 저마다 다르기 때문에 아이의 특성을 잘 살피고 이끌어 줄 수 있는 선생님을 만나는 것이 무엇보다 중요하다.

● **기초실력이 너무 부족한 상태여서 우선 공부에 재미를 붙이도록 하는 것이 중요했다.**
= 중학교 과정을 복습할 수 있도록 해 공부에 흥미를 잃지 않도록 했다. 정규

수업 과정 이외에 중학교 기초 과정 숙제를 별도로 내주었다. 6개월 정도가 지나자, 중학교 과정의 영어를 전부 다 소화할 수 있을 정도로 실력이 상승했다.

● 성적이 오르자 공부에 자신감을 갖게 되었다.

= 성적이 향상되자 자신감이 생겨서인지 호진이가 동생을 대하는 태도가 어른스러워졌다. 집에 부모님이 안 계실 때는 동생을 위해 밥도 차리고, 문제집을 사러 가서는 동생의 것도 챙기는 아이가 되었다. 이런 나의 수업 방식이 마음에 드셨는지 아버지는 모든 것을 나에게 맡겨 두는 편이다. 어머니도 아이가 조금 공부를 안 하려고 하거나 해이해지면 평소에 전화를 자주 하셔서 호진이 수업 시간에 내가 참고할 수 있도록 해주시고 있다.

6

선생님, 우리 아이 54점 받았는데 특목고 가능하겠죠!

중3 윤경이

어느 날 집에서 한 어머니의 전화를 받았다.

"안녕하세요. 저, 우리 아이 상담 좀 받고 싶어서요."

굉장히 경계심이 많은 듯한 목소리였다.

아이가 중3인데 성적 때문에 고민이 많으신 듯했다. 전화를 받자마자 외국에 갔다 온 이야기부터 라이팅·스피킹 학원에 보내는 문제 등 이런저런 고민을 털어놓으셨다. 그런데 막상 반에서 몇 등 정도 하는 실력인지 또 어느 고등학교에 진학하기를 원하는지에 대한 대답은 피하셨다.

들어 보니 이미 영어 학원을 두 군데 다니고 있었다. 그런데도 무슨 과외를 또 하려고 할까 사실 이해가 가지 않았다. 어쨌든 어머니

는 내가 마음에 드셨는지 당장 윤경이를 잠깐 봐줄 수 없겠느냐고
했다. 그때가 밤 10시였는데 이렇게 늦은 시간에 상담해 본 적은 없
어서 상당히 놀랐다.

"시간이 안 되는 건 아니지만 너무 늦어서 제가 이 시간에 댁을 방
문해도 되는지 모르겠습니다."

"상관없어요. 그럼 몇 분 후가 좋으세요?"

상당히 서두르는 느낌이었다. 근처에 살고 있었기에 20분 후에 아
이 집에 도착했다.

쫓기는 학원 수업

거실에는 못 들어가고 바로 윤경이 방으로 들어갔다. 아이가 세 명
이라 그런지 집이 좀 지저분했다. 괜찮게 사는 집인 듯했고 방 한쪽
구석에는 바이올린과 악기도 몇 개 보였다.

"아이 먼저 만나 보시겠어요?"

어머니가 말씀하셨다.

"그렇게 하겠습니다."

잠시 후 윤경이가 들어왔다.

"안녕하세요, 선생님."

첫눈에 아이가 지나치게 자유분방해 보였다. 미국에서 자랐을지
도 모른다고 생각했다.

잠시 후 독해와 문법을 테스트했다. 이것저것 물어보았는데 윤경

이가 부족한 게 무엇인지 바로 파악이 됐다. 그건 바로 기초실력이 없다는 것이었다. 그런데 가만히 들여다보니 굉장히 어려운 책들만 보고 있는 듯했다. 학원 수업도 따라가기 벅찬 게 분명했다.

"윤경아! 며칠 전에 학교에서 중간고사 봤지? 성적 잘 나왔냐?"

"54점 받았어요."

"공부를 많이 안 했구나?"

"아니에요. 저 학원 두 군데 다니면서 문제집도 꽤 풀고 했는데 성적이 너무 안 좋게 나왔어요."

"그래? 저 책들은 학원 책이냐?"

"네."

책을 들여다보니 토플 위주의 책들이었다. 스피킹·라이팅 책도 보였다. 그때까지만 해도 윤경이가 특목고를 희망하고 있는지도 몰랐다.

특목고를 포기할 수밖에 없는 성적

잠시 후 어머니가 들어오셨다.

"선생님, 아이가 어떤가요. 수준이…… 사실 제가 우리 아이를 과학고에 보내려고 준비를 많이 했거든요."

"그러세요? 그런데 내신 성적이 50점대 초반이던데 이 성적으로는 원하는 고등학교에 갈 수 없습니다."

"알고 있어요. 그런데 윤경이가 학원도 많이 다니고 다른 아이들이

하지 않는 스피킹과 라이팅도 계속 하고 있는데 다른 아이들보다 점수가 안 나오는 게 이해가 가지 않네요. 그리고 전 우리 윤경이가 영어를 굉장히 잘한다고 생각했거든요. 중학교 올라가서 성적으로 이렇게 힘들어할지는 꿈에도 생각을 못했어요. 제가 윤경이 영어 교육에 얼마나 투자를 많이 했는지 모르실 거예요. 우리 윤경이 문제점이 뭐죠?"

사실 특목고를 포기하라고 말씀드리고 싶었으나 차마 그런 말까지는 하지 못했다. 그리고 기본기를 닦는 데 최소 6개월은 할애하라고 말씀드리고 싶었다.

"윤경이는 사실 문법 기초실력이 많이 부족한 아이입니다. 그러니 라이팅과 스피킹 학원을 보내는 것보다 기초 강좌를 듣게 하시고 탑을 쌓듯 천천히 실력을 다지는 과정이 필요합니다. 기초실력이 없으면 응용 능력이 없어서 변형 문제가 나오면 전혀 대처할 수 없습니다. 또 윤경이는 뭐든지 대충대충 하려는 경향이 있습니다. 이 문제를 보시죠. 이건 기본 문제인데 정답은 맞혔지만 왜 맞혔는지 설명을 하지를 못합니다. 감으로 영어를 하려고 하기 때문이에요. 또 틀린 것도 왜 틀렸는지를 설명하지 못합니다."

기초실력이 부족하다는 말에 어머니는 동의할 수 없다는 표정을 지었다.

"다른 아이들이 하지 않는 라이팅도 하고 학원도 많이 다녔는데 기초실력이 부족하다니요. 우리 아이가 조금 대충대충 하려는 경향이 있는 건 알지만 지금 특목고 입시가 얼마 남지 않았는데 기초를 할 수는 없어요."

어머니가 무척 단호하셨다.

"그럼 학원을 한 개 줄이고 내신을 위해서 학교 수업에 집중하는 게 어떨까요. 일단 학교 성적이 상위 5퍼센트는 돼야 원하는 고등학교에 보내실 수 있습니다."

"아……."

고민이 많이 되는 듯했다. 특목고에서 요구하는 것도 해야 하고 내신도 잡아야 하니 당연히 그럴 거라고 생각했다.

집에서 나오면서 이런저런 생각이 들었다. 기초가 없는 아이는 어느 정도 점수대에 올라가면 절대로 그 이상의 점수를 받기가 힘들다. 수학이나 영어는 단기간에 해결이 안 된다는 얘기는 그래서 나온 말이다.

이 어머니는 아이를 너무 과대평가했다. 막연한 환상에 젖어서 아이 실력은 고려하지 않고 특목고에 보내기 위해 아이 수준에서 따라갈 수 없는 수업만을 듣게 했으니, 결과적으로 시간 낭비만 한 셈이다. 차라리 시간이 걸리더라도 내신부터 천천히 다지고 남는 시간에 특목고를 대비하는 것이 나은 선택이다. 그렇게 하다 설사 특목고를 못 가고 일반고로 진학하게 되더라도 기회비용 대비 효율성 면에서 더 낫지 않겠는가!

★**윤경이의 장점 :** 자기 진로에 대한 확고한 의지가 있고 열심히 하려는 자세도 되어 있었다. 많은 아이들이 자기 수준보다 어려운 공부를 하면 거부감을 느끼지만 윤경이는 그렇지 않았다.

★**윤경이의 단점 :** 기초실력이 없다는 게 가장 큰 문제였다. 따라서 응용 문제에 대한 변별력이 부족했고 막연한 기대감에 사로잡혀 자신의 실력을 간과한 채 학원 수업에 열중하는 모습이었다. 학교 내신 성적에 대한 대비책도 없었다.

멘토링 가이드

이런 아이를 둔 학부모가 명심할 것이 있다. 아이 수준을 분명히 알아야 한다는 것이다. 내 아이 실력이 부족하다는 사실을 깨닫지 못하고 주위의 시선이나 막연한 환상에 젖어서 좋은 고등학교, 좋은 대학에 입학하기만을 바라면 아이는 심한 스트레스를 받게 된다. 그리고 기초실력이 없으면 점수가 어느 수준 이상으로는 절대로 올라가지 않는다. 장기적으로 내다보고 천천히 접근하는 것이 가장 빠른 길임을 말씀드리고 싶다. 또 특목고나 외국어 고등학교만을 좇다가 일반 고등학교로 진학할 때에도 문제가 생긴다. 특목고와 일반 고등학교에서 가르치는 방식이 다르기 때문이다. 원하는 목표를 이루지 못했을 때를 대비해 차선책을 마련해 두어야 한다. 이는 아이의 몫이 아니다. 부모가 아이에게 해주어야 하는 것이다.

● **아이의 상황을 부모가 정확히 아는 것이 중요하다.**
＝ 시간이 날 때마다 어머니에게 윤경이의 학교 성적 향상을 위해서 기초실력이 중요함을 강조해서 말씀드렸다. 어느 날 어머니가 내게 이런 말씀을 하셨다. "선생님, 제 판단이 잘못되었던 것 같아요. 기초가 없는 아이를 제 욕심만 채우고자 특목고에 보내기로 결정하고 어려운 수업을 시켰던 것 같아요. 지금부터는 어려운 수업 대신 기초 위주로 착실하게 해서 인문계 고등학교에 입학시켜 좋은 대학에 보내겠습니다."

● 첫 3개월은 부족한 실력을 다지기 위해 기초에 해당하는 수업을 병행했다.

= 지금 윤경이를 가르친 지 7개월 정도 되었는데 성적이 눈에 띄게 향상되었
다. 며칠 전 중간고사에서는 반에서 2등을 했다. 기초실력이 튼튼하면 이렇
게 좋은 결과가 생기는 법이다. 국·영·수 주요 과목은 저학년 때부터 열심히
할 필요가 있다. 윤경이 본인도 성적이 잘 나오고 특목고라는 부담감도 떨쳐
버려서인지 요새는 자주 웃는 모습을 보여 준다.

우리 아이는 잔머리가 발달해서 변명이 한도 끝도 없어요

중3 기철이

이번에 소개할 아이는 아버지가 지방에서 직장 생활을 하고 계신다. 사실 정상적으로 아버지가 출퇴근을 하는 집과 홀로 떨어져 사는 집의 아이들은 확실히 다르다. 아버지가 집에서 해야 할 몫이 있고 또 어머니가 해야 할 몫이 있는데 그걸 해줄 수 없기 때문이 아닌가 한다.

어느 날 저녁, 한 어머니가 전화를 하셨다.

"안녕하세요, 선생님. 우리 기철이가 지금 학원을 안 다닌 지 꽤 돼서 수업을 받을까 해서요. 얼마 후면 고등학생인데 실력이 많이 부족하거든요. 수업 가능하신가요?"

약속 날짜를 잡고 집을 방문했다. 여느 집과 차이가 없어 보였고 검소한 집안처럼 느껴졌다. 조금 후에 아이와 어머니가 함께 나왔다. 테스트를 했더니 실력이 또래 아이들보다 괜찮았다.

"애가 잔머리를 하도 굴려서 그게 걱정이에요."

"잔머리라니, 그게 무슨 말씀이십니까?"

"머리는 좋은데 공부하기를 싫어해요."

"알겠습니다. 수업하는 데 참고하겠습니다."

그후 기철이와 몇 번 수업을 했는데 두 번 연속 숙제를 안 해왔다.

"기철아! 너 왜 숙제 안 했나?"

"수학 숙제가 많아서 못 했어요."

"학원도 영어, 수학 두 군데만 다니는 걸로 아는데 무슨 숙제가 많다는 거냐? 그건 변명밖에 안 된다."

거짓말이 입에 밴 아이

다음 시간에도 기철이는 똑같은 숙제를 해오지 않았다. 이번에는 어떻게 나올지 궁금했다.

"기철아! 숙제를 또 안 했구나."

"하려고 했는데요. 학교에서 봉사활동 나가는 바람에 못 했어요."

정직하게 말하면 좋을 텐데 거짓말이 입에 밴 아이였다.

"그래? 그럼 봉사활동은 언제 했나?"

"수요일에요."

"그럼 다른 날은 뭐 했나?"

"다른 날은 몸이 아파서 못 했어요."

변명이 한도 끝도 없었다. 어머니가 집에 안 계셨기 때문에 확인할 길이 없었다.

다음 시간이 되었다. 이번에도 숙제를 안 했다. 특이하게도 수업하는 날마다 어머니가 집에 안 계셨다.

"기철아! 왜 숙제를 안 했냐?"

"저기…… 하려고 했는데요. 9시 수업이라 7시에 하려다가 30분 정도 더 있다가 하고 싶어서 방 청소도 하고 정리도 했는데, 그러다 보니 9시가 돼서 못 했어요."

"너 왜 숙제 가지고 오라니까 형 방부터 시작해서 큰방, 네 방까지 왔다 갔다 했냐? 난 네가 숙제 찾으러 왔다 갔다 하는 줄 알았다."

"그게 아니라……."

우물쭈물했다. 내가 책상을 힘껏 내리쳤다.

"이 자식이! 똑바로 얘기 안 할래?"

그랬더니 책상 밑에서 숙제 노트를 꺼내는 게 아닌가!

"그 밑에 숙제 노트가 있는 걸 알면서 왜 왔다 갔다 했냐?"

"혼날 것 같아 불안해서요."

기가 막혔다. 이대로는 안 될 것 같았다. 때리는 것은 좋지 못한 방법이라고 생각한다. 그래서 난 이 아이처럼 숙제를 계속 안 해오는 경우에는 나만의 방법으로 아이에게 벌을 준다.

하루 종일 선생님을 따라다녀라

나는 수업을 많이 하는 편이다. 많은 날은 다섯 번까지 하니 하루 종일 아이들을 가르치러 다니는 셈이다.

기철이에게 말했다.

"내일 놀토지? 내가 아침 9시부터 수업이 있으니까 넌 8시 30분에 너희 아파트 정문에서 기다려라."

"왜요?"

"넌 내일 날 따라다니면서 하루 종일 지금까지 못 했던 숙제를 하게 될 거다. 내가 너희 어머니에게 말씀드릴 테니 도시락 걱정은 하지 마라. 선생님 수업이 밤 10시에 끝나니 다른 아이 집에 갈 때마다 넌 날 따라다니면서 옆에서 숙제를 하면 된다. 무슨 말인지 알겠지?"

갑자기 기철이가 본인이 뭘 잘못했는지를 알았는지 낯빛이 어두워졌다.

이 아이 버릇을 완전히 고쳐 버려야겠다는 생각에 그날 수업 시간 1시간 30분 동안 계속 잔소리를 했다. 일단 버르장머리를 고쳐 놓고 싶었다. 결국 기철이가 울음을 터뜨렸다.

그러나 난 이걸로 만족하지 않았다. 저 눈물은 내가 지금 무서워서 흘리는 것이리라. 이렇게 쉽게 버릇이 고쳐질 거라 생각하지 않았다.

"이 자식이! 뭘 잘했다고 우냐. 너희 아버지 지방에서 일하신다고 했지? 아버지 전화번호가 뭐냐? 내가 너희 아버지하고 통화를 해봐야겠다."

아버지 전화번호까지 적었다. 수업이 거의 끝날 무렵에는 기철이의 태도가 완전히 달라졌다. 과거에 많은 과외 선생님과 수업을 해봤지만 나 같은 사람은 처음 만나는 것이 확실했다. 적당히 넘어갈 분이 아니라고 판단한 것 같았다. 갑자기 기철이가 무릎을 꿇더니 말했다.

"선생님이 시키시는 건 뭐든지 다 할게요. 제발 아빠한테 전화는 말아 주세요. 그리고 다음 시간까지 숙제 다 할 테니 내일 선생님 따라다니는 것만은 하지 않게 해주세요."

진정성이 엿보였기에 마지막 기회를 줬다. 숙제를 3분의 1로 줄여서 다시 냈다. 이번에는 숙제를 해오겠지.

며칠이 지났다. 기철이 집을 방문하기 위해 계단을 올라가는데 그 집 어머니 목소리가 들렸다. 기철이를 엄청 혼내고 있는 듯했다. 문을 열고 들어갔더니 아니나 다를까 기철이가 울고 있었다.

거실에 앉아서 숙제한 걸 가지고 오라고 했다. 숙제를 또 안 한 게 아닌가. 정말 이런 아이도 있구나. 허탈함이 밀려왔다. 기철이가 어머니한테 혼나고 있는 이유도 숙제 때문이었다. 이 아이한테는 숙제보다 부모를 속이고 선생님 머리 꼭대기에서 노는 게 중요했다. 공부보다는 먼저 습관을 고치는 것이 필요한 아이였다.

★기철이의 장점 : 기본적으로 머리가 좋았다. 다른 아이들에 비해 문제를 이해하는 속도가 빨랐다. 원리 원칙을 금방 터득하고 다음 문제가 어떻게 나올지 예측까지 하는 아이들이 있는데 기철이가 바로 그런 아이였다. 또 기철이는 성적이 어떻게 나오든 스트레스를 받지 않았다.

★기철이의 단점 : 변명이 한도 끝도 없다. 부모님께서 야단치고 혼내시겠지만 그 정도로는 부족하다. 많은 선생님을 상대해 봤기 때문에 잔머리가 발달해 있다. 자기 자신에 대해 반성할 생각은 전혀 하지 않고 핑계거리만 찾기 일쑤다. 또 시험 성적이 좋지 않게 나와도 결과보다는 과정을 중요하게 여겨 대충 넘어가려는 경향이 있다.

멘토링 가이드

이런 아이를 둔 부모라면 간섭형 부모의 교육 방법을 배울 필요가 있다. 공부하는 장소를 거실 한가운데로 바꾸고 부모가 계속 왔다 갔다 하면서 지켜보는 것이 좋다. 심할 정도로! 버릇을 고칠 때까지 아이의 사생활이나 공부 방법, 태도 등에 관여하는 것이 좋다.

선생님도 여선생님보다는 남선생님을 선택하는 것이 좋고 숙제를 안 해오면 그냥 넘어가지 않고 버릇을 고칠 수 있는 열정 있는 분에게 수업을 맡길 필요가 있다. 또 한번 변명을 하기 시작하면 계속해서 다른 변명거리를 찾기 때문에 처음부터 그냥 넘어가지 말고 회초리를 들어서라도 버릇을 고쳐야 한다.

● 아주 철저하게 숙제 검사를 했다.

= 숙제를 하지 않았을 경우 매일 내가 사는 집 근처 고등학교까지 와서 숙제 검사를 맡게 했다. 저녁 11시 정도에 만났고, 그때도 숙제가 안 되어 있을 때는 운동장에 남아서까지 하게 했다. 학교 중간고사에서 20점 정도 성적이 향상되었고 아이도 매일 밤 숙제 검사 맡으러 오는 게 힘들었는지 숙제를 안 해오는 횟수가 적어졌다.

● 간섭형 어머니가 되어 주실 것을 부탁드렸다.

= 어머니에게도 아이의 좋지 못한 공부 습관에 관해 말씀을 드리고, 공부 장소를 방이 아닌 식탁으로 옮겨 계속해서 왔다 갔다 하면서 아이를 감시하도록 했다. 이렇게 하자 일단 아이가 공부할 때만큼은 딴짓을 안 했다. 그리고 수업 시간에 바른 자세를 유지하려고 했고 집중력도 상당히 좋아졌다. 덕분에 많이 성실해졌다. 그러나 이런 변화를 보였다고 해서 당장 예전처럼 대하면 좋지 않은 버릇이 다시 나타날 수 있으니 계속해서 주의 깊게 관찰할 필요가 있다.

※ 기철이는 그동안 다양한 선생님을 많이 '상대'해 봐서 가지각색 변명이 끝도 없었다. 그래서 처음부터 아주 강하게 나갈 필요가 있었다. 잔머리가 발달한 남자아이인 경우 한두 번 허용만으로도 잘못된 습관을 영영 고칠 수 없기 때문이다.

8

엄마, 나 한국에서 공부하기 싫어!
외국 보내 줘!

중3 보영이

"과외 선생님이시죠? 저희 보영이, 수업 좀 받았으면 해서요."

어느 날 저녁 수업을 마치고 다른 아이 집으로 이동하고 있을 때 한 어머니로부터 전화가 걸려 왔다. 학원을 6개월 정도 쉬고 혼자서 공부를 하고 있다고 했다. 나는 개인적으로 이렇게 혼자 공부하는 아이를 좋아한다.

약속 날짜가 되어 아이 집으로 이동하려는데 갑자기 문자가 왔다. 보영이 친구가 그 동네에서 유명한 학원을 다니는데 거길 보내게 되었다고 과외는 못 할 것 같다는 내용이었다. 어쩔 수 없었다. 인연이 아닌 집도 있으니까. 그런데 그 다음 날 어머니가 다시 전화를 해서 수업을 받아 보고 싶다고 했다.

방학이라 영어 학원을 다니는 동시에 과외도 시켜 보고 괜찮은 쪽으로 결정하려는 것 같았다. (보영이는 성적이 많이 올라 반에서 1등을 했다. 이후 이 어머니가 여러 명을 소개시켜 주기도 했다.) 아이 집을 방문했는데 집이 아주 깔끔했다. 또 보영이가 해맑게 인사를 하는데 모범생처럼 보였다. 잠시 식탁에 앉아 이런저런 이야기를 하는데 어머니가 아주 민주적인 분처럼 느껴졌다. 뭐든 보영이한테 물어보고 결정하려고 했다.

갑자기 어머니가 사진을 꺼내 보여 주셨다.

"작은아이 언니예요. 작년에 교통사고로 하늘나라로 갔어요."

갑자기 눈물을 흘리시는데 가슴이 먹먹해졌다. 어머니는 그래서인지 기운이 없어 보였다. 수업 날짜를 잡고 집을 나오면서 나 자신에게 다짐했다. 이 집에서는 큰소리를 내지 말자고! 몇 번이고 다짐했다.

머리도 실력도 좋은 아이

수업 날짜가 되어 보영이와 다시 만났다. 수업을 약 30분 정도 해 보니 실력이 굉장히 좋았다. 그때가 중2였는데 거의 고2 정도의 독해 실력을 가지고 있었다. 이해하는 속도도 상당히 빨랐고 머리도 아주 좋은 아이였다. 처음 나를 만났을 때 점수가 78점 정도였는데 바로 다음 시험에서 반 1등을 했다. 2등과는 8점이나 차이가 났다. 내가 잘 가르쳤다기보다 아이가 훌륭해서다. 숙제를 몇 번 안 해온 적은 있지만 집에 좋지 않은 일도 있고 해서 심하게 혼내지는 않았다. 선생님으로서 그러면 안 되지만 마음이 약해져 별수가 없었다.

며칠 후 어머니가 학원을 그만두게 했다고 했다. 보영이가 나하고 수업하는 게 맞아서인지 아니면 왔다 갔다 하느라 시간이 많이 걸려서인지는 모르겠다.

한번은 수업 시간에 보영이에게 꿈이 뭐냐고 물어봤다.

"검찰총장이 되고 싶어요!"

"하하하! 검찰총장! 그런데 많은 직업 중에 왜 검찰총장이 되고 싶냐?"

아무렇지도 않게 물어보면서도 사실 속으로는 조금 놀랐다. 요새 여자아이들처럼 아나운서나 연예인같이 화려해 보이는 직업을 꿈꾸지 않는 것이 이상했다.

"검찰총장이 되어서 언니처럼 억울하게 죽은 사람을 도와주고 싶어요."

"그래, 넌 공부도 열심히 하니까 원하는 꿈을 이룰 수 있을 거다. 꼭 불쌍하고 억울한 사람들 많이 도와주길 바란다."

어느 날 방학 기간에 어머니가 전화를 하셨다. 서울 친척집에 가게 되어 2주 정도 쉬고 싶다고 했다. 그리고 2주 후 수업 날짜가 되었는데 이번에는 보영이한테서 전화가 왔다.

"선생님, 저 이번 달까지 그냥 쉬고 싶어요."

개인적인 사정이 있겠거니 하고 허락을 했다. 특별히 어머니한테도 전화를 드리지 않았다. 방학이니 놀고 싶겠거니 했다. 그런데 두세 달이 지나도 연락이 없었다. 학원을 다시 다니게 됐나 보다 하고 잊고 지냈다.

하루는 보영이 어머니 소개로 알게 된 다른 분이 전화를 했기에 혹시나 싶어 "보영이 어머님 잘 계시죠?" 하고 물었더니 바로 바꿔 주었다. 옆에 계셨던 것이다.

"안녕하세요, 어머님."

"네. 안녕하세요, 선생님. 오랜만에 통화하네요."

"보영이 잘 있나요?"

내가 조심스럽게 말을 꺼냈다.

"선생님, 우리 보영이 때문에 사실 요새 계속 고민이에요. 아이가 그때 이후로 외국에 있는 대학에 가고 싶다고 난리예요."

"외국에 있는 대학이라고요? 저하고 수업할 때는 한 번도 그런 말을 한 적이 없는데 어떻게 된 거죠?"

포기가 빠른 아이

사실 그랬다. 아이가 외국에 한 번도 갔다 온 적이 없었고 외국에서 생활해야겠다는 포부를 밝힌 적도 없었다. 검찰총장이 되는 게 꿈이라고 하지 않았던가. 보영이가 한국에서 공부하는 것이 상당히 힘들어서가 아닐까 싶었다. 그리고 한국식 공부 방법이 싫어서일 수도 있을 것이다.

보영이가 새벽까지 숙제하느라고 잠을 많이 못 잤다는 소리를 몇 번 들은 적이 있다. 집에 갈 때마다 숙제 때문에 한숨 쉬는 걸 여러 번 봤다! 또 중간고사나 기말고사에 대한 스트레스도 심한 듯했다.

어떤 분들은 반에서 1등을 하는 애가 공부가 싫다는 게 말이 되느냐고 하겠지만 원래 고통은 느끼면 느낄수록 정도가 커지는 법이다. 고문실에서 매일 고문을 당하는 포로가 이제 막 끌려온 포로보다 더 고통이 심한 것과 같은 이치다. 매일 고문을 당하는 사람은 고문 도구가 전기에 작동하는 소리만 들어도 심리적으로 엄청난 스트레스를 받는 법이다. 보영이도 좋은 성품에 괜찮은 자질을 가지고 있었지만 포기가 빠른 아이였다.

이런 아이는 외국에 가더라도 쉽게 포기할 수 있다. 나도 외국에서 공부를 해봐서 잘 안다. 많은 사람들이 외국에만 가면 쉽게 잘될 거라고 생각하지만 외국 학교에서 가르치는 방식이 오히려 힘들 수도 있다. 그리고 심리적인 외로움과 언어 장벽도 사춘기 여자아이가 감당하기 힘든 장애물이다.

시간이 지나면 생각을 바꿀 수도 있겠지만 이렇게 포기가 빠른 아이들이 의외로 많다. 조금만 힘들고 지겹고 자기가 원하는 목표가 성취 불가능할 거라고 판단되면 중도에 그만두고 싶어 하는 아이들 말이다.

★**보영이의 장점 :** 머리가 굉장히 좋은 아이다. 이해하는 속도도 빠르고 또래 아이들에 비해 상당히 어려운 교재로 수업했는데도 거부감이 없었다. 고민 거리가 있을 때 숨김없이 부모에게 털어놓는 것도 장점이다. 또 수업하기 전 준비 상태도 좋고 굉장히 예의가 발랐다.

★**보영이의 단점 :** 지문을 끝까지 주의 깊게 읽지 않으려는 경향이 있다. 머리가 좋은 아이라 다음 부분이 어떻게 나올지 예측이 가능하기 때문일 것이다. 그러나 이것은 굉장히 좋지 않은 습관이다. 그래서 저학년 때부터 이런 습관을 고쳐 줄 필요가 있다. 숙제 때문에 항상 고민이 많아 보였고 경쟁심이 강해 성적 때문에 스트레스를 많이 받았다.

멘토링 가이드 ——

만약 우리 아이가 이런 유형에 속한다면 아이가 쉽게 포기하지 않도록 적절한 조취를 취해야 한다. 공부뿐만 아니라 살다 보면 쉽게 되는 일이 없음을 자주 인식시켜서 경쟁시대에서 홀로 설 수 있는 환경을 만들어 주어야 한다.
어느 곳이나 경쟁은 있는 법이다. 한국식 공부 방식과 교육 제도가 싫다고 외국에 나가는 것만이 능사가 아니다. 오히려 그릇된 판단으로 소중한 시간을 날려 버릴 수도 있다.

● **외국에서 공부하는 데 필요한 것들을 조언해 주었다.**
= 스피킹에 자신이 없어 해서 말하기 프로그램을 통해 실력을 쌓게 했다. 외국에 나가 공부하는 것에 대한 두려움을 떨쳐 버리고 자신감을 많이 찾게 되었다.

● **쉽게 포기하려는 경향이 보일 때마다 어머니께서 내게 알려 주셨다.**
= 보영이가 쉽게 단념하는 경향이 있는데, 이런 일이 있을 때마다 선생인 나에게 알려달라고 말씀드렸다. 어머니도 보영이의 잘못된 습관을 고치기 위해서 많은 협조를 해주셨다. 또한 타 과목 과외 선생님에게도 보영이의 문제점을 언급해 고쳐 나갈 수 있게 하고 있다.

9
공부가 죽기보다 싫어!
중3 동민이

한 아이 수업을 끝내고 다른 곳으로 이동 중에 종선이 어머니를 만났다. 마트에 갔다 오시는지 다른 어머니와 이야기를 하면서 걸어오고 계셨다. 내가 먼저 알은체를 했다.

"안녕하세요, 어머님."

"아이구! 안녕하세요. 영어 선생님. 수업하러 가시나 봐요?"

"네. 마트에 다녀오시는 길인가 봐요."

"네. 동민이 엄마! 이 선생님이야. 우리 종선이 영어 봐주고 계신 분이셔."

"안녕하세요, 어머님."

"네, 처음 뵙겠습니다. 종선이 성적이 많이 올랐다는 얘기 들었어요. 혹시 시간 되시면 저희 집에 오셔서 동민이 좀 봐주실 수 있으세요? 아이를 학원에 보냈는데 이번에 시간이 안 맞아서 과외를 시키려고요."

종선이 어머니와 같은 아파트에 사는 데다 방학이라서 나도 아이들을 더 받을 예정이었기에 약속 장소를 정했다. 그런데 사는 아파트가 아니라 멀리 떨어진 아파트로 와달라는 것이었다. 며칠 후 그 집을 방문했다. 그런데 어머니는 안 보이고 동민이랑 동민이 누나만 있었다.

"엄마 어디 가셨냐? 동민아!"

"엄마는 지금 저희랑은 안 살구요. 저희는 아빠하고만 살고 있어요."

"아! 그래."

개인적인 사정이 있겠거니 생각하고 동민이의 실력을 테스트했다.

학원비로 독서실 끊었어요

동민이는 실력이 많이 부족했다. 중3이었지만 거의 공부와 담을 쌓고 지냈지 않나 싶을 정도로 단어 실력이 형편없었다. 독해를 하는데 정말 한 문장 나가기가 힘들었다. 외모는 평범한 학생이었는데 공부에는 재미를 느끼지 못하는 것 같았다.

"동민아, 너 선생님 만나기 전에 학원에 다녔다고 엄마한테 들었다. 얼마나 다녔냐?"

"학원은 거의 1년 정도 다녔고 그 전에는 과외를 했어요."

"너 학원 다닐 때 공부 안 하고 그냥 왔다 갔다만 했구나. 실력이 이게 뭐냐? 얼마 있으면 고등학생이 되는데 이거 인문계 고등학교도 힘들어 보인다."

동민이는 말이 없었다.

그리고 몇 개월이 흘렀다. 나중에 알게 된 사실이지만 부모가 이혼했다고 한다. 그래서 어머니는 따로 살고 아이들은 아버지와 함께 살고 있었다. 아버지는 자영업을 하기 때문에 집에 늦게 들어왔고, 어머니가 가끔 낮에 와서 아이들을 돌봐 주는 것 같았다.

하루는 수업을 하러 갔는데 어머니가 화가 많이 나셨는지 동민이를 혼내고 계셨다.

"야! 너 수학 학원비 줬더니 학원 안 다니고 뭐 했어? 빨리 말 안 할래? 그 돈으로 뭐 했냐고!"

급기야 동민이가 울음을 터뜨렸다.

"독서실 끊었어요."

"그럼 독서실 수강증 가지고 와봐."

잠시 후 아이가 수강증을 가지고 왔다. 봉투에 독서실비를 제외한 돈은 그대로 있었다.

"수업 끝나고 얘기하자."

동민이가 수업을 하러 방으로 들어왔다.

"동민아, 학원 다니기 싫어서 그랬냐? 엄마한테 말하지 그랬어. 학원 다니는 거 도움이 안 된다고."

“수학 학원 완전 도움 안 돼요. 선생님이 자기 혼자 수업하고 매일 집에 못 가게 몇 시간씩 잡아 두고 그래요.”

“그럼 그 학원이 마음에 안 드니까 다른 학원을 다닌다고 말하면 되잖아.”

“선생님, 저 공부 말고 다른 거 하면 안 되나요? 공부는 정말 너무 하기 싫어요. 그냥 밖에서 할 수 있는 아르바이트라도 했으면 좋겠어요.”

“그래. 하지만 지금은 아주 중요한 시기다. 일단 너희 어머님께서 인문계 고등학교에 입학하기를 원하시니 남은 기간 열심히 하는 수밖에 없다.”

그렇게 몇 개월이 흘렀다. 동민이는 그래도 숙제를 완벽하게 해오는 편이었는데 이날은 단어 숙제를 전혀 안 했다. 나는 혼낼 때는 정말 무섭게 혼낸다. 그리고 어떻게 해서든지 아이들 버릇을 고쳐 놓는 편이다.

“동민아! 너 단어 숙제를 또 안 했구나! 벌써 두 번 연속이다. 단어 숙제 한 날도 맞힌 개수가 절반 정도밖에 안 된다. 오늘부터 밤 11시에 선생님이 살고 있는 집 근처 고등학교로 단어 외워서 와라. 지금부터 외우면 다 외울 수 있을 거다. 그래서 다시 검사 맡아라. 알겠냐?”

한동안 말이 없더니 “알겠습니다”라고 대답했다. 밤 11시가 되어 상당히 추운 날씨였는데도 동민이가 집 근처 고등학교 앞으로 단어장을 들고 왔다. 그 후로도 몇 번을 더 단어장을 가지고 내가 수업이 거의 끝날 때쯤 고등학교 앞으로 와서 단어 검사를 맡았다.

걸어서 20분 정도 걸리는 거리를 추운 겨울날 밤에 아이 혼자 오느라 상당히 힘들었을 것이다.

선생님, 저 공고에 갈 거예요

"선생님 저 공고(공업고등학교)에 가면 안 될까요? 인문계 고등학교 말고 공고로 진학하고 싶어요."

한번은 수업 시간에 동민이가 이렇게 말했다.

"공고에 간다고 해도 영어 공부를 안 할 수는 없다."

"제가 여기서 가까운 공업고등학교 행정실인가 거기에 있는 분에게 어제 전화해서 물어봤는데, 공고 자동차학과 가서 열심히 하면 대학도 갈 수 있다고 하던데요."

"그래, 맞다. 선생님이 가르쳤던 여자아이도 상업고등학교를 나와서 지방 국립대에 들어갔다."

사실 아이가 대단했다. 많은 아이를 가르쳐 봤지만 동민이처럼 공부가 싫어서 스스로 자기 진로를 바꾸려고 하는 아이는 거의 없었다. 대부분 어머니 뜻에 따라 고등학교나 대학 진학을 했다.

"그럼 내가 어머님에게 네 의사를 잘 말해 줄 테니 너 공고 가서 포기하지 않을 자신 있냐? 자동차 수리하고 그러면 책상에 앉아서 수업하지 않는다. 거의 대부분 실외에서 자동차에 대해서 배우는데 괜찮겠냐?"

"네, 그래도 공부하는 거보다는 나을 거 같아요."

수업이 끝난 후 어머니께 진지하게 말씀드렸다.

"어머님! 사실 동민이가 공부가 적성에 안 맞아서인지 공고에 가서 중간 정도 하는 것보다 좋은 대학에 입학하는 데 유리합니다."

그 말을 듣고 어머니가 펄쩍 뛰셨다.

"아니에요. 그래도 우리 아이 인문계 보낼 거예요. 친척들 중에 공고 간 사람은 없어요. 그건 도저히 안 돼요. 다른 사람들 보기도 그렇고 절대 안 돼요."

"동민이가 공부가 적성에 안 맞는다고 하잖습니까? 죽기보다 공부하는 게 싫다고 하는데 아버님하고 상의를 해보시는 게 어떠세요?"

어머니는 한숨을 푹 쉬고는 아무 말씀이 없으셨다.

그 이후로 어머니와 동민이 진학 문제로 몇 번 더 이야기했고 급기야는 아버지와 전화 통화도 했다. 동민이 아버지는 이렇게 말씀하셨다.

"우리 애가 영어 선생님이 무섭긴 해도 자기 의견을 존중해 주니까 그런 이야기를 한 거 같습니다. 제가 우리 아이 장래 문제로 동민이와 더 많은 이야기를 해보겠습니다."

그로부터 며칠 후 수업을 하러 동민이네 집에 갔는데 동민이가 기뻐하며 말했다.

"선생님, 저 공고 갈 수 있게 됐어요. 아빠가 그러라고 하셨어요."

"그래, 잘됐다. 선생님이 너희 아버지하고 며칠 전에 통화했을 때도 그런 말씀을 하셨다. 너 이제 진로도 정해지고 했으니 열심히 공

부하고 자동차 관련된 공부를 하는 것만 남았다. 너 자신에게 약속
해라. 네가 선택한 길이니 힘들어도 포기하지 않겠다고."
　"당근이죠. 선생님."

★**동민이의 장점** : 자기 의사가 아주 분명하다. 자기가 싫어하는 것을 정확하
게 표현할 줄 알고, 하고 싶은 것에 대해서는 확고한 신념 같은 것이 있다.
또 또래 아이에 비해 주위 친구들의 눈을 의식하지 않고, 심지 또한 굉장히
굳었다.

★**동민이의 단점** : 아직 정신적으로 성숙하지 않은 나이다 보니 좋지 못한 아
이들과 어울려 다니기를 좋아했고, 자기 생각에 아니다 싶으면 시도조차 하
지 않으려고 했다.

🌸 멘토링 가이드

동민이 같은 아이는 많지 않다. 나도 선생님으로서 많은 아이를 만나 봤지만 이렇게
자기가 하고 싶어 하는 일을 선생인 나에게 정확하게 이야기해 준 아이는 없었다. 동민
이는 자신이 진학하고자 하는 고등학교에 전화까지 해서 자기 진로에 대해 상담한 아
이다. 나는 동민이 같은 학생이 더 많아져야 한다고 생각한다. 동민이의 경우에는 내가
부모님을 설득하여 공업고등학교에 진학할 수 있도록 했으나 대부분의 부모는 아이의
실력이나 성적은 고려하지 않고 실업계 고등학교는 절대로 보내지 않으려고 한다. 강
조해서 말하지만 인문계 고등학교에 가서 중하위권 성적을 유지하며 공부 잘하는 아
이들 들러리만 서다 졸업하는 것보다는 실업계 고등학교에 가는 것이 낫다. 또 요즘에
는 대학 문이 높아서 수도권에 있는 대학을 가기가 힘들어지고 있다. 그보다는 실업계
고등학교를 나와서 대학 입학하는 것이 훨씬 쉬워지고 있는 실정이다.
사실 정부는 실업계 고등학교에 지금보다 훨씬 더 많은 지원을 할 필요가 있다. 이상하

게 우리나라는 기술을 천시하는 경향이 있다. 내가 호주에 살 때 퇴근 시간에 지하철을 타면 머리에 헬멧을 쓰고 공구를 찬 채로 퇴근하는 사람이 많았다. 자랑삼아 일부러 그렇게 하고 다닌다고 했다. 우리나라는 지나치게 남을 의식하는 문화가 팽배한 것 같다.

● 동민이의 진로 문제를 해결할 수 있도록 많은 대화를 나누었다.

= 동민이를 맡은 지 약 2년이 되어 간다. 동민이 부모님은 동민이가 공업고등학교에 입학할 수 있도록 결정한 데 내가 큰 영향을 끼친 점을 높이 사주셨다. 동민이는 현재 전교 1, 2등을 하고 있다. 인문계 고등학교에 비하면 상위권이라 하더라도 실력이 그렇게 좋은 편은 아니다. 하지만 동민이의 경우처럼 공부에 소질이 없는 경우라면 부모님께서 잘 판단해서 진로 방향을 바꿔 주는 것이 좋다.

● 동민이에게 공업고등학교에서 공부하는 것도 인문계 고등학교에서 공부하는 것 못지않게 중요하다는 사실을 강조했다.

= 동민이는 지금 괜찮은 환경에서 성실하게 학교를 다니고 있다. 자동차 관련 학과에 다니는데 정비 기술도 제법이라서 가끔 내 차에 대한 조언을 구하기도 한다.

※ 동민이는 학교생활이 안정되어서인지 자신의 가정환경과 부모님에 대해서 이해하고 받아들이려는 자세를 보였다.

10
우리 아이가 동네 친구들과 가출했어요

고1 영식이

아파트 전단지를 보고 한 어머니가 전화를 하셨다. 아주 시원시원하고 솔직한 분이었다.

"안녕하세요, 선생님. 우리 영식이 영어 수업 좀 맡아 주실 수 있을까요?"

"안녕하세요, 어머님. 영식이가 몇 학년이고 성적이 어느 정도죠?"

"고1인데 누나랑 같이 살고 있고 지금 저하고는 따로 살고 있어요."

"아, 네."

부모의 이혼으로 아이들만 따로 다른 집에서 살고 있다고 했다.

"애 아빠하고 제가 헤어진 지가 좀 됐어요. 아이들은 따로 살고 있는데 제가 낮에 가서 봐주긴 해도 아무래도 제가 없으니 공부를 열심히 안 하네요. 육군사관학교에 가고 싶다고 하는데 가서서 좋은 얘기 좀 많이 해주세요.”

약속 날짜가 되어 그 집으로 향했다. 처음 만난 영식이는 덩치가 산만 했고 다쳤는지 팔에 붕대를 감고 있었다. 나와 눈을 잘 마주치지 못했고 자신감이 없어 보였다.

실력은 또래 아이들에 비해 괜찮은 편이었다. 문법을 별로 해본 적이 없었지만 듣기 실력이 괜찮았고 단어도 좀 부족했으나 외우는 걸 좋아하는 편이어서 조금만 열심히 하면 실력이 좋아질 타입이었다.

이 동네 대빵이에요

그러나 그것은 큰 착각이었다. 사실 다른 아이 수업을 하다가 영식이에 관한 이야기를 들을 수 있었다.

“윤석아, 너 영식이 잘 아냐?”

“네, 알고 있어요. 영식이 걔 이 동네에서 유명해요. 이쪽 근방에서 노는 아이들 중에서도 거의 대빵이에요.”

“대빵?”

“싸움을 잘해요.”

“아! 그래. 선생님 눈에는 그렇게까지는 안 보이던데.”

“요새는 그 무리 아이들하고 같이 놀지 않는 걸로 알고 있어요. 친구들끼리 싸웠다고 하더라고요.”

얼마 후 영식이와 수업이 시작되었다. 나는 영식이가 친구들과 어울려 싸우고 다닌다는 사실을 별로 신경 쓰지 않았다. 나 역시 학교 다닐 때 말썽깨나 부리고 싸움도 하고 그랬으니까. 사춘기 때는 누구라도 그럴 수 있다고 생각했다.

5~6개월째 아이를 가르치던 어느 날 어머니가 전화를 하셨다.

"선생님, 시간 괜찮으시면 통화 좀 할 수 있을까요."

그때 처음으로 영식이에 대해 아주 자세한 이야기를 들을 수 있었다. 아이가 지금까지 살면서 학원 수업이나 과외를 두 달 이상 받아본 적이 없는데 내가 영식이와 잘 맞으니까 어머니가 신뢰를 하시고 속마음을 털어놓은 것이다.

"사실 이 근방에 아주 결속력이 강한 아이들이 있어요. 열다섯 명 정도 되는데 아이들 결속력이 얼마나 강한지 저희 부모들이 모여서 별의별 짓을 다 해봤는데도 도저히 감당이 안 돼요. 6개월 정도 그 아이들하고 어울리지 않고 이렇게 지낸 거는 이번이 처음이에요. 그런데 얘가 요새 다시 그 무리하고 어울리니 정말 어떻게 해야 할지 모르겠어요. 선생님께서 영식이하고 통화해서 좋은 말씀 좀 해주세요."

"무리 아이들이 결속력이 강하다는 게 무슨 말씀이죠?"

"애들끼리 PC방 같은 데서 밤을 새워서 게임하고 그러는데 한 아이가 결석하면 열다섯 명이 전부 결석을 해요. 무리에서 이탈하지 않으려고 하는 것 같아요. 한 아이가 엉뚱한 방향으로 가면 모두 다 그쪽으로 같이 움직여요. 그리고 남자아이들끼리 무슨 조직 같은 걸 만들어서 다니는데……. 정말 감당이 안 돼요."

"아버님도 알고 계신가요?"

"말도 마세요. 애 땜에 회사고 뭐고 다 제쳐 놓고 말린 게 한두 번이 아니에요."

"알겠습니다."

아이가 가출을 했어요

그 말을 듣고 곧장 PC방으로 향했다. 뿌연 담배 연기로 질식할 것만 같은 곳이었다.

"영식아 뭐 하냐? 수업하러 가자."

"안녕하세요. 저 그냥 오늘은 수업 안 하고 싶어요. 선생님, 다음 시간에 해요. 제가 문자 드릴게요. 친구들도 있고."

사실 영식이는 집에 가고 싶지만 주위 친구들 눈치를 보면서 망설이고 있는 듯했다. 나도 더 말리지 않았다.

"좋다, 그럼 너 약속했다. 다음 수업 시간에는 정상적으로 하는 거다."

"네."

그러고는 헤어졌다. 며칠 후 어머니가 전화를 하셨다.

"아휴! 선생님, 얼마 동안 쉬어야 할 거 같아요."

"무슨 일이 있습니까?"

"우리 아이가 그 친구들하고 가출을 했어요."

그런데 어머니께서는 그렇게 당황하지 않으신 듯했다. 몇 번 경험이 있는 것 같았다.

"제가 아이를 잘못 키워서 그런 거 같아요. 시간이 지나면 다시 돌아오겠지만 벌써 고1인데 걱정이에요. 대학이나 갈 수 있을지."

"어머님, 이사를 가보시지 그러세요."

"아휴, 그 생각도 몇 번이나 했어요. 부동산에 집 내놓은 게 다섯 번은 될 거예요. 그런데 그게 잘 안 되더라고요. 애 아빠 직장 문제도 있고 저도 그렇고. 큰아이 학교 문제도 있고. 하여간 지난 몇 개월간 너무 수고하셨습니다. 그리고 죄송합니다."

나도 이 아이 수업을 그만두면서 사실 선생으로서 내가 그런 부분에 대해 먼저 신경을 썼어야 하는 게 아닌가 하는 생각을 했다. 너무 아쉬움이 많이 남는 아이다. (영식이가 가출한 지 한 달이 지났을 때 어머니한테서 연락이 왔다. 아이가 돌아왔으니 수업을 다시 하자고 하셨다.)

★**영식이의 장점 :** 공부보다는 체육 쪽에 상당한 재능을 보였다. 수업 시간에는 체육과 관련된 이야기를 많이 했다. 조금은 창의적인 면이 있었고 틀에 박힌 일을 하는 것을 싫어했다.

★**영식이의 단점 :** 공부보다는 친구들과의 관계를 중요하게 여겼다. 그저 밖에서 친구들을 만나면 즐겁고 편하고 대화가 통하니까 좋은 모양이었다. 특히 남학생들 사이에서 육체적으로 우위에 서야 자신이 남보다 우월하다고 믿는 눈치였다.

이런 아이를 둔 부모는 친구들과의 관계 정립부터 새롭게 해줄 필요가 있다. 아무리 머리가 좋고 재능이 있으면 무엇하겠는가? 자꾸 밖으로 돌면서 또래들하고 놀려고만 하고, 친구들 사이의 의리 때문에 공부를 하지 않는다는 것은 인생의 중요한 시기를 잘못 보내고 있다는 얘기다.

같은 동네 아이들과 어울리지 못하도록 이사를 가거나 전학시키는 것이 좋다. 일단 친구들과 떨어져 지내기만 해도 지금까지 그쪽으로 쏠렸던 에너지가 공부로 방향 전환될 수 있다. 또 아이와 함께 주말에 자원봉사 활동을 하면서 아이의 활동성을 좋은 곳에 쓰도록 하는 것도 좋은 방법이다.

● 영식이가 가진 공부 외적인 부분의 재능에 초점을 두었다.

= 이 같은 사실을 어머니에게 알려 드렸고, 체육 관련 학과에 진학시키는 것을 권유하였다. 어머니도 공부보다 다른 쪽으로 진로를 바꾸는 것이 좋겠다고 생각하셨는지 얼마 전 체대 입시 학원에 영식이를 등록시켰다.

● 친구들과의 관계를 새롭게 할 필요가 있었다.

= 일단 학교는 그대로 다니되 다른 곳으로 이사하시는 방법을 제안했다. 얼마 후 아버지가 이사를 결정하셨다. 요즘 영식이는 특별히 말썽을 부리지 않고 성실하게 생활하고 있다. 자연스럽게 아이들하고 떨어져 지내자 한결 밝아진 모습이다. 부모님도 영식이의 변화에 만족해하고 계신다.

학원 한 개만 줄여 줘,
나 학원 다니는 기계 같아!

고1 재현이

지금 사는 곳에 정착하고 얼마 되지 않아 맡게 된 재현이가 생각난다. 한 어머니가 전화를 하셨다. 친척이 사는 아파트에 갔다가 전단지를 보고 전화한 것이다. 내가 수업하는 동네에서 상당히 먼 곳이라 별로 내키지는 않았지만 그래도 가보기로 했다.

어머니가 성악을 전공한 분인지 홈드레스를 입고 계셨다. 아무도 없는 집에서 홈드레스를 입고 계신 걸 보고 사실 좀 특이하다고 생각했다. 일단 재현이를 먼저 보고 싶다고 말씀드리고 아이 방에서 기다리자 잠시 후 재현이가 들어왔다.

열정이 없는 아이

문법과 독해와 관련된 부분을 몇 가지 물어보고 실력이 어느 정도인지를 파악하려고 했다. 그런데 몇 분이 지났을까, 재현이는 기초 실력은 있지만 열정이 없음을 금방 깨달을 수 있었다.

"재현아! 가고 싶은 대학은 어디냐?"

"그냥 아직 그런 거는 정하지 않았어요. 아무 데나……."

"재현아! 일단 목표를 정하는 것이 중요하다. 네게 동기부여가 될 수 있고 원하는 것을 이루게 해주는 시발점도 된다."

이런저런 이야기 끝에 시간표를 정하려고 하다 깜짝 놀랐다. 재현이가 학원을 여섯 개나 다니고 있었던 것이다. 수학 두 개, 국어, 영어, 한문, 과학. 정상적으로 학교를 다니면서 소화하기 힘든 양이었다. 이렇게 되면 자발적인 공부는 거의 불가능하다. 방과 후 곧장 학원으로 가서 새벽 1시가 되어야 돌아올 것이다. 또 재현이는 학원 양 때문에 많이 지쳐서인지 테스트 중에 세 번이나 숙제 얘기를 했다.

"선생님. 숙제 양은 얼마나 되나요? 제가 사실 학원을 많이 다니다 보니 시간이 너무 없어서……."

우물쭈물하며 말을 잇지 못했다. 궁금한 게 있어 이번에는 내가 반대로 질문을 했다.

"재현아! 너 얼마 전 방학 때는 어떻게 보냈냐? 학교 다닐 때처럼 학원을 많이 다녔냐?"

"네. 방학 때는 학원 여덟 개 다녔어요. 영어 하나 더 하고 컴퓨터도 했습니다."

정말 기가 막혔다. 아무리 사교육이 난립한다지만 부모의 욕심 때문에 아이에게 너무 많은 희생을 강요하고 있는 듯했다.

"알았다. 너는 나가 있고 어머님 좀 오시라고 해라."

잠시 후 어머니가 들어오셨다.

"재현이가 생각보다 기초실력이 좋습니다."

"어려서 아빠를 따라 캐나다에 가서 1년 넘게 살았거든요. 영어에 대한 거부감은 전혀 없을 거예요."

"그랬군요. 재현이가 학원을 상당히 많이 다니는 것 같던데 방과 후 이 많은 수업을 하는 것은 좀 무리가 아닌가요. 조금을 하더라도 정확하게 하는 게 중요합니다. 똑같은 책을 여러 번 반복하고 그것을 암기하도록 하는 게 좋습니다."

이 정도는 다녀야죠라는 어머니

"그런데 요즘 아이들 다 이 정도는 다니지 않나요?"

어머니께서 내 말에 동의하기 어렵다는 표정으로 말씀하셨다.

"재현이는 원래 과외 스타일은 아니에요. 여러 명이서 같이 공부할 때 주위 친구들을 의식해서인지 더 열심히 하는 아이인데 원하는 그룹과외 선생님 멤버가 꽉 차서 고민하던 차에 선생님을 알게 된 거예요."

"아! 그러세요. 이 동네에서 꽤 오래 사셨나 봐요?"

"그렇죠. 우리 아이 초등학교 때부터 이 아파트에 살았으니까요."

"그럼 이쪽 근방 과외 선생님이나 학원 어디가 잘 가르치는지도 잘 아시겠네요?"

"동네 엄마들이 모이면 대체로 아이들 교육 관련해서 동네 학원이나 과외 선생님 얘기를 많이 하니까요."

재현이가 학원을 많이 다니는 이유를 알 것 같았다. 아마도 동네 아주머니들이 추천한 학원에 다니게 했을 것이다.

거기다 누나 얘기를 하셨다. 이번에 수능시험을 봤는데 점수가 좋지 않았는지 서울에 있는 대학 중 이름이 없는 대학에 턱걸이 입학을 했다고 했다. 그래서인지 재현이에게 더 많은 기대를 하고 계신 것 같았다.

'학원 개수를 한두 개 줄이고 아이에게 자발적으로 공부할 수 있는 환경을 만들어 주시는 게 어떻겠습니까?'

이 말이 목구멍까지 올라왔지만 몇 번이고 억눌렀다.

사실 이 집을 나오면서 정말 재현이를 맡고 싶지 않은 생각이 들었다. 내가 이 아이를 맡지 않아도 다른 영어 선생님을 구하겠지만 "숙제 많아요?"라고 내게 물어보는 재현이가 너무나도 가여워 보였기 때문이다. 그런데 안타깝게도 요새 대부분의 아이들이 재현이와 비슷한 상황이다.

★**재현이의 장점 :** 기초실력이 좋아서 아이를 맡게 되면 지금보다 더 높은 수준의 문법과 독해를 가르칠 수 있다는 것이다. 또한 학원을 많이 다녔기 때문에 문제 풀이 적응 능력이나 이해도가 높은 편이었다. 학원을 많이 다녀도 기초가 부족한 아이가 있다. 그러나 재현이의 경우는 학교에서 나름 상위권에 드는 실력이 탄탄한 아이이다.

★**재현이의 단점 :** 열정이 없다. 이런 경우 과외 선생인 나로서는 가르치기가 상당히 힘들다. 또 아이가 다른 학원 숙제까지 해야 하므로 숙제의 완성도가 떨어지기 쉽고 숙제를 안 하는 경우도 많이 생기게 된다. 또한 학원 수업 때문에 학교 수업도 엉망이 되기 싶다. 혼자서 공부해 본 적도 없어서 이런 경우 고등학교 때까지는 어느 정도 상위권 점수를 유지할 수 있을지 몰라도 대학에 가고 장래에 고시나 공무원 시험 등에 응시한다면 고전할 가능성이 있다.

💮 멘토링 가이드 ───────

재현이 어머니는 전형적인 철새 유형에 속한다. 게다가 어머니가 권위적이라 다른 어머니가 어떤 선생이 괜찮더라고 하면 그 말만 듣고 아이와 상의 없이 학원이나 과외 선생을 바꾸기 쉽다. 사교육을 많이 시키는 게 상책이 아님을 어머니가 먼저 인식하고 아이에게 자발적으로 공부할 수 있는 환경을 만들어 주어야 한다. 요새는 혼자 공부하려는 의지만 있으면 공부에 도움을 줄 수 있는 시스템이 잘 갖추어져 있다. 그리고 학원은 핵심 과목인 영어나 수학 등 한두 과목만 다니게 하는 게 좋다.
사실 내가 가르친 아이 중에 재현이와 같은 아이들은 말할 수 없을 정도로 많았다. 아이가 학원에서 받는 스트레스는 생각하지 않고 일방적으로 부모가 모든 걸 결정하니까 부모와 아이의 사이도 좋지 않고 아이가 공부를 열심히 해야겠다는 생각 자체를 하지 않는다. 따라서 학원과 자발적 학습, 그리고 공부에 대한 열정과 의욕 등 세 가지 관계를 고려하여 아이를 지도하는 것이 바람직할 것이다.

● **학원을 너무 많이 다니는 것이 문제였다.**

= 어머니에게 학원을 많이 다니면 좋지 못한 점을 과거 내가 가르쳤던 제자들의 실례를 들어 설명해 드렸다. 지금은 학원을 6개에서 3개로 줄였다. 덕분에 재현이는 학교에서 하는 야간 자율학습에 더 집중할 수 있게 되었다. 학원 수가 줄어서인지는 몰라도 재현이가 숙제에 대해 걱정하는 모습이 많이 사라졌다. 과거에는 수업 시간에 항상 우울한 표정을 짓고 있었는데 지금은 굉장히 활달하다.

● **과도한 학원 수업으로 쌓인 스트레스를 풀어 줄 필요가 있었다.**

= 학원을 많이 다니는 동안 스트레스를 받았을 거라고 판단하고 부모님을 설득해 동네 축구 클럽에 가입하게 해, 운동으로 스트레스를 풀 수 있게 했다. 지금은 토요일마다 축구를 하면서 스트레스를 풀고 있다. 얼마 전에는 재현이 생일 선물로 정강이 보호대를 사주었다. 재현이가 환하게 웃는 모습을 보자 나도 덩달아 기분이 좋아졌다.

12

엄마, 걱정하지 마! 공부하면서도 집안일은 잘할 수 있다고

고1 지영이

7월의 어느 무더운 날이었다. 한 어머니가 전화를 하셔서 이사 온 지 얼마 안 됐는데 영어 수업을 받고 싶다고 하셨다.

"애 아빠 사업 등 여러 가지 이유로 아이들이 학교를 많이 옮겨 다녀서 그런지 기초실력이 너무 없어요."

"그러세요. 큰아이는 어느 학교를 다니고 수능 등급은 어떻게 됩니까?"

잠시 말이 없으셨다.

"원래는 우리 애가 자연계를 다니고 싶어 했는데 고등학교 들어오면서 미술을 하고 싶어 해요. 미술을 하면 행복하다네요."

어머니 얘기대로 학교를 여러 군데 옮겨 다니다 보니 그런 상황이 된 게 아닌가 싶었다. 한 학원을 오래 다니거나 한 선생님에게 수업을 받지 못했을 것이다. 큰애가 고등학생이라 걱정이 많은 눈치였고 작은아이도 실력이 썩 좋은 것은 아니라고만 하셨다.

어떻게 공부할지 모르는 아이

다음 날 그 집을 방문했다. 사실 두 명의 아이를 가르쳐야 해서 더 신경이 쓰였다.

첫째 아이는 아직 학교에서 오지 않았고 둘째 아이만 집에 와 있는 상태였다. 둘째 아이 얼굴이 달덩이 같았다. "안녕하세요"라고 밝게 인사하는 게 왠지 이 집이랑은 잘 맞을 거 같다는 느낌이 들었다.

테스트를 했는데 다른 아이들보다 실력이 많이 부족해 보였다. 그래도 중1 저학년이기 때문에 차근차근 기초부터 한다면 잘해 낼 수 있을 것 같았다. 의욕은 있지만 공부 방법을 몰라서 어떻게 공부해야 할지 모르는 것 같았다. 아직 만나지 않았지만 언니도 비슷할 것 같았다. 같은 부모 밑에서 공부한 아이들은 부족한 부분도 비슷한 경우가 많다.

많은 아이들을 가르치지만 나는 이렇게 기초실력이 없어서 그렇지 일단 공부 원리를 알게 되면 엄청나게 실력이 오르는 아이들을 좋아한다.

솔직하고 열정이 있는 아이

10분 후에 큰아이가 왔다.

"안녕하세요, 선생님."

공부를 잘할 수 없는 환경임에도 아이가 아주 밝아 보였다. 큰아이도 이것저것 테스트를 해보았다. 실력은 바닥이었지만 두려움이 없었다.

"지영아! 너 몇 등급 정도 되냐? 수능 등급 말이다."

"이번에 35점 정도예요. 6등급 나오던데요."

속으로 웃었지만 거짓 없이 말하는 이 집 아이들이 마음에 들었다. 사실 과외를 많이 하면서 느낀 것이지만, 선생님마다 선호하는 유형이 다 다르다. 나 같은 경우는 공부를 아주 잘하는 고학년 남학생을 선호하는 편이다. 이런 아이들은 사실 수업하기가 굉장히 편하다. 모르는 것만 알려 주면 되기 때문에 혼자서도 공부를 잘한다. 성적도 상위권이고 점수도 균등하게 나와서 별로 걱정할 게 없다.

두 번째로 좋아하는 유형이 바로 이 집 아이들 같은 유형이다. 공부는 좀 못해도 솔직하고 열정이 있는 아이들이다. 공부 방법을 몰라서 헤매지만 의지할 수 있고 공부 방법에 관해서도 물어볼 수 있는 선생님만 만나면 몰라보게 달라질 수 있다. 숙제도 거의 완벽하게 해오는 유형이다.

두 아이 모두 수업 날짜를 정한 후 며칠 후에 큰아이 수업부터 하기로 했다. 큰아이가 미술학원에서 돌아오면 10시 30분 정도가 되는데 이때부터 수업을 했다.

그런데 첫날부터 아주 놀라운 일이 있었다. 집에 갔는데 어머니가 보이지 않았다. 지영이와 순영이, 그리고 남동생 셋만 집에 있고 부모님이 없는 것이 걱정되었다. 막내 남동생은 텔레비전을 켜놓고 거실에서 자고 있었다.

"어머님 어디 가셨니? 지영아!"

"아빠한테 가셨어요. 농장에요."

"그럼 시골에 가셨구나. 언제 오시냐?"

"일주일 정도 있다가 오세요."

"뭐? 그럼 너희들 밥은 어떻게 하냐? 학교 가기도 바쁠 텐데."

"그냥 저희들이 다 해요."

사실 그랬다. 어머니가 안 계셔도 집이 깔끔했다. 동생과 함께 집안일을 잘해 내는 모습이 아주 대견했다. 내가 본 것이 맞는다면 이 아이들은 선생인 내가 조금만 잘 가르치고 공부 요령을 터득하게 해 주면 혼자서도 잘할 스타일이었다. 이것저것 내가 알고 있는 영어 지식을 더 알려 주고 싶었다.

한 달 정도가 지나서 큰아이와 작은아이는 놀랄 정도로 상승세를 보였다. 둘 다 영어 단어를 잘 읽지도 못했는데 지금은 하루에 단어 40개씩 거의 완벽하게 외워 오고 있다. 자립심이 강한 아이들이라서 가능했을 거라고 생각한다.

독해 실력도 좋아져서 처음에는 두세 문제 풀었지만 지금은 열 개 정도로 늘어났다. 물론 앞으로 더 노력을 해야겠지만 잘해 내리라 믿는다. 물론 나도 최선을 다할 것이다.

★**지영이의 장점 :** 자립심이 강하다. 사실 공부하는 방법을 몰라서 그렇지 한 번 공부에 재미를 붙이면 엄청난 속도로 점수가 향상될 수 있다. 즉 처음 성적을 올리기가 힘들지만 성적이 조금만 올라가면 그때부터는 혼자서도 공부할 수 있을 것이다. 그런데 이런 아이는 공부 이외의 다른 데에도 재능이 있을 수 있으니 잘 관찰하는 것이 좋다. 실제로 내가 가르쳤던 아이는 위와 비슷한 환경에서 공부했는데, 공부보다 신체 활동에 더 소질이 있어 내가 부모님을 잘 설득하여 체대 입학의 성과를 거둔 적도 있다.

★**지영이의 단점 :** 기초실력이 부족하다. 따라서 성적을 향상시키려면 상당한 시간이 걸린다. 겉으로는 밝아 보여도 집안일로 스트레스를 많이 받고 있을 수도 있다. 따라서 적당한 휴식이 필요하다. 그리고 학교생활, 공부, 예체능으로 인하여 몸과 마음이 쉽게 지치곤 했다.

멘토링 가이드

이와 같은 아이를 둔 부모가 자기 아이를 공부 위주로 교육시키고 싶으면 그에 맞는 환경을 만들어 주어야 한다. 이런저런 이유로 한곳에 정착하지 못하는 것은 아이 교육에 좋지 않다. 공부를 잘한다고 하더라도 기초가 없을 수도 있고 자꾸 변하는 환경 탓에 성격이 예민해질 수도 있다. 또한 공부 외의 것으로 스트레스를 많이 받을 수 있기 때문에 이를 해소시켜 주어야 한다.
무엇보다 부모가 안정적으로 한곳에 정착하는 것이 중요하다. 중학교나 고등학교를 다니다 전학을 가거나 이사를 하면 아이는 상당히 불안해할 수 있다. 또 새로운 친구를 만나고 새로운 환경에 적응하는 과정에서 힘든 일을 겪을 수도 있다.

● **가족이 한곳에 정착할 필요가 있었다.**
= 어머니에게 지영이의 교육을 위해 한곳에 정착하는 것이 어떻겠느냐고 말씀드렸다. 사실 내가 이런 말씀을 드리기 전부터 어머니도 아이 교육 때문에 오랫동안 정착에 대해 생각하고 계셨다. 아버지도 사업 문제가 해결되어 한곳에 정착할 계획을 가지고 계셨다.

● **공부 방법에 대한 인식이 전혀 없어 이에 대해 알려 주었다.**

= 수업 시간에 나만의 공부 노하우를 아이들에게 알려 주었더니, 성적이 눈에 띄게 좋아졌다. 작은아이는 지난번 시험에서 36점을 받았던 실력이었는데 이번에 78점을 받았다. 큰아이도 수능 모의고사에서 자신감을 많이 회복했다. 듣기 실력도 좋아져 전체적으로 성적이 향상되었다.

※사실 이 집 아이들은 나를 굉장히 좋아한다. 둘 다 여자아이인데 내가 특별히 잘 가르쳐서라기보다 공부 방법에 관하여 이야기해 준 것들이 도움이 되어서인 듯하다.

13

우리 아이 수능 스타일인가요?
내신 스타일인가요?

고1 창민이

이번에는 맞벌이 부모를 둔 아이에 관한 이야기다. 호주에 갔다 온 지 얼마 되지 않았을 때 한 어머니로부터 전화를 받았다. 특별히 전화상으로 개인 신상이나 공부 방법론 등을 묻지 않고 그냥 와서 아이를 한번 봐주었으면 좋겠다고 했다. 나중에 알게 되었지만 부모님 두 분 모두 장사를 해서 아침 일찍 나갔다가 저녁 늦게 들어오셨다.

약속 시간을 잡고 집을 방문했다. 여느 집과는 달리 정리가 안 되어 지저분해 보였다. 잠깐 동안 아이를 테스트했다. 그런데 생각보다 실력이 굉장히 부족했다. 거의 중학교 때 공부를 안 하고 놀았구나 싶을 정도로 기초실력이 없었다. 부모님이 장사하느라 바빠서 신경을 못 쓰신 것 같았다. 그래도 아이가 워낙 착하고 인간적인 면이 많이 느껴졌다.

신경을 써줄 여유가 없어요

어머니하고 이런저런 얘기를 하려고 하는데 별다른 궁금한 점이 없으신 것 같았다.

"창민이가 기초실력이 너무 없어 걱정입니다."

"알고 있어요. 그냥 성실하게 공부할 수 있도록 가르쳐 주세요."

아이들에게 공부를 하라고 다그치는 부모가 아니었다. 또 부모 입장에서도 아이에게 신경을 써줄 시간적 여유가 없다 보니 어느 정도는 아이 성적에 수긍하시는 것 같았다.

며칠 후부터 수업을 시작했다. 아이와 수업을 몇 번 했는데 금방 아이의 성격이나 영어 실력의 감을 잡을 수 있었다. 기초가 없어서 어려운 문법보다는 쉬운 예문으로 일단 해석에 재미를 들이게 했다.

숙제 이외의 것까지 해오는 스타일은 아니지만 내가 내주는 한도 내에서는 80~90퍼센트는 해오는 아이였다. 만약 맞벌이를 하는 부모님 가운데 아이가 기초실력은 없는데 숙제는 완벽하게 하고 또 암기를 그렇게 싫어하지 않는다면 반드시 수능이 아닌 내신으로 승부하라고 말씀드리고 싶다.

수능이 아닌 내신으로 승부해야 하는 유형

학교 내신, 즉 중간고사와 기말고사는 암기력 테스트다. 수능과 달리 범위가 정해져 있기 때문이다. 시험을 앞두고 교과서와 모의고사 본문을 외운다면 기초실력이 없어도 상당히 좋은 점수를 받을 수 있다. 창민이가 딱 그런 경우였다.

더군다나 창민이가 다니는 학교는 모의고사는 여덟 문제 정도만 내기 때문에 내신 기간에 95점에 육박하는 좋은 점수를 받을 수 있었다. 문제는 수능이었다. 수능 등급이 5, 6등급 정도로 매우 낮았다.

하루는 창민이가 이런 질문을 했다.

"선생님, 수능 등급과 내신 성적이 이렇게 심하게 차이가 날 수 있나요?"

이해가 가지 않는 눈치였지만 그 이유는 아주 간단하다. 아이가 외우는 것을 좋아한다면 내신 기간에 본문만 정확하게 외워도 점수는 확실하게 나온다. 그러나 수능은 범위가 없이 무작위로 문제를 내기 때문에 영어 실력이 없는 아이들은 단기간에 고득점을 받기 힘들다. 수능은 고3 마지막에 보기 때문에 계속해서 모의고사를 통해 성적 향상을 꾀해야 하지만 일단 내신으로 자신감을 회복하는 것이 좋다.

★**창민이의 장점 :** 독립성이 강하다. 호기심도 많기 때문에 공부에 흥미를 갖게 되면 좋은 결과가 얻을 수 있다. 부모님께서 집에 안 계시기 때문에 조금

은 엄격한 선생님이 부모 대신 교육할 필요가 있다. 내가 만난 맞벌이 부모의 아이들은 대체적으로 성격이 모나지 않는 편이었다. 바쁜 부모를 대신해 자신들끼리 서로 보살펴야 한다는 생각을 갖고 있는 듯했다.

★창민이의 단점 : 공부를 열심히 할 수 있는 환경이 아니었기 때문에 기초실력이 없었다. 또 부모가 공부에 무관심해서 스스로 공부에 흥미를 갖는다고 하더라도 기초실력을 쌓기까지는 상당한 시간이 걸릴 것이다. 도중에 포기하기도 쉬운 환경이다. 또 부모님이 집에 안 계시는 저녁 늦은 시간까지 놀 수 있고, 안 좋은 친구들과 어울릴 수도 있다.

멘토링 가이드

이런 상황에 있는 부모라면 아이들이 열심히 공부할 수 있는 환경을 만들어 주는 게 무엇보다 중요하다. 예를 들어 방과 후 곧바로 학원이나 독서실에 갔다가 부모의 퇴근 시간에 맞춰 집으로 돌아오게 하는 것이다. 또 기초실력이 부족하기 때문에 시간이 걸리더라도 기초부터 차근차근 공부할 수 있도록 지도해야 한다. 그래야 중도에 포기하지 않으려 할 것이다. 또 아이에게 다른 재능이 있을 수 있으니 이 점도 간과하지 말아야 한다.

미술, 음악, 체육 등 예체능으로 대학을 가는 길도 있다. 학교 선생님이나 예체능 학원 선생님에게 상담을 받아 보는 것도 괜찮은 방법이다. 또 수능보다는 내신으로 대학 진학을 꾀하는 것이 바람직하다. 내신은 수능에 비해 벼락치기 공부가 가능하다. 시험 범위가 정해져 있기 때문에 시험 기간에 집중적으로 암기하고 관련 부분을 학습하면 좋은 성과를 거둘 수 있다.

● 혼자서도 효과적으로 공부할 수 있는 환경을 만들어 주었다.

=부모님이 맞벌이를 하고 계시기 때문에 창민이가 효과적으로 공부할 수 있는 방안을 조언해 드렸다. 어머니는 창민이가 수업이 끝나면 바로 학원에 갈 수 있도록 조치를 취하셨다. 수업이 끝난 후 학교 앞에서 학원 버스를 타고 학원에 갔다가 부모님이 퇴근하시는 시간에 맞춰 집에 돌아오게 했다. 학원에 가지 않는 날에는 집 근처 독서실에 다니게 했다. 창민이 부모님은 내가 조언해 드리면 바로바로 아이들 환경에 맞게 조치를 취하셨다. 자신들이 아

이들을 돌봐 줄 시간이 없어서인지 나를 굉장히 신뢰하셨다.

● **수능 성적이 많이 부족해 극복할 방법을 지원했다.**

= 매일 기초 학습량을 정하고 취약한 단어를 보완하기 위해 깜빡이로 단어를 외우게 했다. 수능과 관련해서 집중적으로 지도한 결과 모의고사에서 15점 정도 점수가 향상되었다. 듣기도 상당히 취약했는데 80퍼센트 정도는 맞히게 되자 자신감을 많이 회복했다.

14

선생님, 우리 아이 암기를
너무 못해요

고1 슬기

한 어머니가 전화를 주셨다. 아이가 영어 성적이 너무 들쭉날쭉해서 걱정이라며 한번 만나 보고 싶다고 했다. 통상 전화상으로 여러 가지 이야기를 하지만 내 경우는 아이가 외국에 한두 달이라도 어학연수를 갔다 왔는지를 굉장히 중요하게 여긴다. 어렸을 때 잠깐이라도 외국에 갔다 온 아이들은 확실히 영어에 대한 거부감이 없기 때문이다.

집에 들어가니 아버지가 반갑게 인사를 건넸다.

"우리 슬기 영어 수업 좀 잘 부탁드립니다."

"최선을 다해서 아이가 점수를 잘 받을 수 있도록 노력하겠습니다."

거실에 잠깐 앉아서 집안 분위기를 살폈다. 경제적으로 여유가 있어 보였고 책이 많았다. 그리고 집이 아주 깔끔했다. 보통 이런 집 어머니들은 아이 교육에 관심이 많다.

전형적인 권위적인 집안

잠시 후 어머니가 주스를 들고 오셨고 아이도 함께 나왔다. 요새는 세상이 각박해져서 아버지들도 집으로 오는 방문 과외 선생님들에게 관심이 많으시다. 당연한 현상이라고 생각한다. 나 역시 그런 것들 때문에 해당 교육청에 신고를 하고 소득세도 내고 있다. 좀 더 확실하게 하는 것이 과외 선생인 나에 대한 신뢰감을 드릴 수 있는 방법이 아닐까 싶다.

어머니의 인사치레가 이어졌다.

"짧은 전화 통화였지만 바른 부모 밑에서 바르게 자란 것 같다는 느낌을 받았어요."

"별말씀을요."

내 외모나 프로필이 맘에 드시는 눈치였다.

"슬기야! 몇 가지 물어볼 테니 대답을 해봐라."

독해와 문법, 단어를 테스트했다. 아주 짧은 순간이지만 테스트하는 순간 기초가 있는지, 기초는 없어도 사고력이 있는 아이인지, 학원을 많이 다니는 유형인지, 호기심이 넘쳐나는 아이인지 등을 파악한다. 10~20분 얘기하고 나면 아버지, 어머니가 어떤 스타일인지도 알 수 있다.

슬기네 집은 전형적인 권위적인 집안이었다.

"어머니에게 듣자 하니 어렸을 때부터 학원을 많이 다녔다고?"

"이 근방에 있는 영어학원에 다니면서 그룹과외도 많이 했어요. 그런데 독과외는 처음이에요."

어머니에게 여쭈어 보았다.

"독과외는 처음이신가요?"

"네. 여러 명이서 수업을 받다 보니 성적이 너무 들쑥날쑥하고 감 잡기가 어려워서요. 아이 실력이 어떤가요? 수업을 본격적으로 한두 번 해보면 아시겠지만 이곳저곳 학원을 많이 다녀서 들은 거는 많기 때문에 문법을 알기는 하는데 정확하게 아는 것이 없어요."

"제가 몇 번 수업을 더 해보고 정확하게 말씀드리겠습니다."

정확성이 떨어지는 아이

며칠 후부터 본격적으로 수업을 시작했다. 결론부터 말하자면 이 아이는 영어 실력이 좋은 아이가 아니었다. 어렸을 때 외국에도 두세 달 갔다 오고 동네에 있는 여러 영어학원에도 많이 다녀서 영어를 많이 알고, 잘하는 것 같아 보이지만 실상은 그렇지 않았다. 의외로 이런 아이가 많다.

슬기의 경우는 정확성이 엄청나게 떨어졌다. 바로 암기에서 문제가 드러났다. 영어 단어 외우는 과정을 예로 들면, 두세 단어를 외울 때 눈이 단어를 읽어 내는 속도와 머릿속에서 입력하는 속도가 다르다. 한 단어 한 단어를 읽으면서 머릿속에 조각하듯이 새겨야 하는데 눈과 입은 단어를 보고 말하고 있지만 머리는 전혀 따라가지 않는 유형이다.

이런 부류의 아이에게 공부는 그냥 종이 넘기기 놀이일 뿐이다. 12시간을 공부해도 머릿속에 남는 건 거의 없다. 이런 아이는 시험을 보면 1번부터 5번까지의 보기 지문을 모두 다 헷갈려한다. 어디서 본 듯한 내용이지만 모두 다 정답 같은 유형이다. 이런 아이들의 점수는 통상 60점 정도라고 보면 된다.

내가 과외를 하면서 만난 아이 중에 이런 아이가 많았다. 즉 암기할 때 정확성이 떨어지는 아이들이다. 슬기도 마찬가지였다. 단어 숙제를 냈는데 정확하게 적어 내는 것이 별로 없었다. 처음부터 다 헷갈려했다.

만약 이 글을 읽고 있는 부모님 가운데 자신의 아이가 이렇게 암기의 정확성이 떨어진다면 내신보다는 수능으로 공부시키는 것이 좋다. 수능은 정확성보다는 종합 이해력을 요구하기 때문에 내신보다는 외울 양이 적다. 내신은 정해진 범위에서 문제가 나오기 때문에 응용력이 없거나 암기에 바탕을 둔 문법 실력이 없으면 좋은 결과를 낼 수 없다. 따라서 독해 위주의 수능식 교육을 통해 고득점을 노리는 것이 좋다.

★**슬기의 장점 :** 집중력이 상당히 높다. 이해 위주의 학습을 한다면 괜찮은 성과를 거둘 수 있을 것이다. 내신 시험 기간 동안 일정 양을 여러 번 반복한다면 좋은 성과를 거둘 수 있다. 즉 이해 위주의 수업을 하되(수능), 내신 시험 기간 동안에는 일정 양을 여러 번 반복하는 것이 좋을 것이다.

★**슬기의 단점 :** 암기를 못한다. 본인이 외운 게 맞는지 틀린지를 인지하고 다음 내용으로 넘어가야 하는데, 외우는 것을 너무 힘들어했다. 그래서 암기할 부분이 나오면 다음으로 미루거나 이해 위주로 몇 번 대충 읽고 넘기려고 했다. 영어뿐만 아니라 거의 모든 공부를 대충 하고 암기에 대한 중요성을 모른 채 시험 준비를 하기 쉽다. 가장 안 좋은 공부 방법이다.

멘토링 가이드

이런 부류의 학생을 둔 부모라면 아이에게 학원이나 과외를 하나 더 시킬 것이 아니라 공부하는 방법을 바꿔 주려고 노력해야 한다. 교육 기관에서 하는 프로그램을 통해 공부 패턴을 바꿔 주는 데 도움을 받을 필요가 있다. 냉정하게 말해 공부는 암기다. 외우지 않으면 정답을 맞힐 수 없다. 노련한 시험 출제위원들은 원래부터 아이들이 어느 부분을 잘 못 외우는지 알고 있다. 그래서 그런 부분만을 선별해서 문제화하는 거다. 아이에게 암기가 무엇이고 정확하게 단어나 문법 사항을 외운다는 것이 얼마나 힘든 것인지를 반복해서 인식시킬 필요가 있다. 또한 이런 아이들은 절대로 양으로 승부하면 안 된다. 아주 적은 양을 여러 번 반복해 최대한 머릿속에 남도록 하는 것이 중요하다. 따라서 과외 선생님이나 학원 선생님도 이를 강조하는 선생님을 만나는 것이 좋다. 아니면 선생님들에게 일정 양을 가지고 열 번이고 스무 번이고 계속해서 반복 학습을 하도록 부탁하고 또 그런 식으로 공부할 수 있는 분위기를 만들어 주어야 한다.

● **현저히 떨어지는 암기력을 강화시킬 방법이 필요했다.**
= 슬기는 암기력이 굉장히 떨어지는 아이였기에 수업 시간에 아주 적은 분량의 동일한 내용을 여러 번 반복시켰다. 이를테면 중간고사 기간에 보통 700문제 정도를 아이들에게 풀어 주는데 슬기의 경우는 300문제 정도를 세 번

반복시켰다. 그리고 문제집보다는 교과서를 정확하게 암기할 필요가 있어서 본문을 최대한 정확하게 외우게 했다. 그 결과 놀라울 정도로 내신 성적이 향상되었다.

● 슬기의 단점을 다른 과목 선생님들에게도 알려서 효과적인 수업을 받게 하였다.

= 부모님께 슬기의 이런 단점을 말씀드리고, 다른 과목 선생님들에게도 귀띔해 달라고 부탁드렸다. 과거에는 수학 과목의 경우 많은 양의 문제를 푸는 방식으로 수업을 했는데 지금은 적은 양을 여러 번 반복시키고 있다고 한다. 그 결과 영어뿐만 아니라 수학에서도 성적 향상의 효과가 있었다.

※만약 이 책을 읽고 계시는 부모님 중에 우리 아이가 슬기와 비슷하다면 위에서 소개한 방식대로 하실 것을 권한다. 다시 한 번 강조하지만 정확성을 높여 줄 수 있는 공부를 시켜야만 한다. 절대로 양으로 승부하면 안 된다.

15

우리 아이 정말 성실한데!
공부 방법을 몰라요

고2 은정이

토요일 오후에 한 어머니가 전화를 하셨다.

"여보세요. 영어 수업 받고 싶어 전화드렸습니다."

"네, 안녕하세요. 어머님."

"그런데 남자 선생님이신가요?"

"그렇습니다."

여자 선생님인 줄 알고 전화하신 눈치였다.

"우리 큰아이가 여학생인데 여자 선생님을 원해서요. 그래도 잠깐 상담은 가능하시죠?"

"물론입니다."

사실 첫 느낌이 좋지 않아서 이 집과는 잘 안 될 줄 알았는데 수능이 끝날 때까지 1년 넘게 맡았던 집이다.

어머니는 한참 동안을 상담한 후에도 별로 내키지 않으신지 망설였지만 일단 만나는 보고 싶어 하셨다. 나는 얼굴을 보고 상담해서 과외가 성사되지 않은 적이 거의 없다. 그만큼 과외가 맞는 체질인 듯하다.

집을 방문하니 아주 전형적인 기독교 집안이었다. 집도 깔끔했지만 책꽂이의 성경책과 벽 쪽의 십자가가 독실한 기독교 집안임을 말해 주고 있었다. 아이도 근처의 미션 고등학교에 다니고 있었다. 아이를 만나기 전이었지만, 보통 이런 집 아이들은 상당히 성실한 편이다.

원하는 것만 하는 아이

잠시 후 아이가 나왔다. 어머니가 바로 옆에 앉아 계셨다. 사실 테스트할 때는 어머니가 옆에 없는 경우가 대부분이지만 이 어머니는 달랐다. 굉장히 신중하신 분이었다.

처음에 여자 선생님을 원한다는 말에 아이가 남자인 날 보고 거부감을 보일 줄 알았으나 내 얼굴을 보더니 기분이 좋아진 듯했다.

"은정아! 영어 문법, 독해, 단어, 듣기 중에 가장 못하는 게 뭐냐?"

"문법요. 제가 문법 실력이 없어서 영어 점수가 부족한 듯해요."

몇 마디 주고받자 상당히 내성적인 아이란 게 느껴졌다.

어머니도 옆에서 보고 계시다가 한마디 하셨다.

"선생님이 한두 달은 고생하실 거예요. 애가 워낙 내성적이라 말을 하지 않거든요."

이것저것 테스트를 하는데 문법을 거의 몰랐다. 단어는 꽤 알고 있었지만 문법 실력이 부족하니 예문이 조금만 어려워도 문장 구조 파악이 되지 않았다.

"그런데……."

어머니가 말씀하셨다.

"큰아이는 정말 성실해요. 아마 숙제 같은 걸 내주면 거의 완벽하게 해올 거예요. 양이 엄청 많아도 시키는 한도 내에서는 밤을 새워서라도 할 거예요."

나는 이런 부류의 아이를 아주 잘 알고 있다. 민주적인 집안에서 자란 성실한 아이로, 성적이 안 나오는 아이들 말이다. 이런 아이들의 특징은 원하는 것만 하려고 한다는 것이다. 은정이는 다른 실력에 비해 문법 실력이 비정상적으로 부족했다.

나는 처음부터 아주 힘들게 수업을 진행했다. 문법 실력을 극복하기 위해 문법 중에서도 어려운 부분부터 골라서 했다. 성실한 아이이기 때문에 그렇게 해도 흥미를 잃지는 않을 것이었다.

일반 아이들에 비해서 문법을 많이 했다. 틀리면 직접적으로 아주 심하게 몰아붙였다. 수능이 얼마 남지 않은 고2 수험생이었기 때문이었다. 은정이는 내 발소리만 들어도 두려웠을 것이다. 몇 주 후 은정이가 수업이 끝난 후 자기 방에서 우는 걸 몇 번 봤다는 얘기를 어머니로부터 들었다.

엄한 선생님이 필요한 아이

사실 아이 잘못이라기보다는 독해만 가르쳤던 선생님이 더 문제다. 영어는 문법과 단어를 모르고서는 절대로 원하는 점수를 얻을 수 없다. 그런 상태로는 평생을 해도 안 된다. 피부에 화장을 하고 향수를 뿌리면 그럴듯해 보이고 건강한 사람 같지만 뼈와 피부가 온전하지 못하면 언젠가는 실체가 드러나게 돼 있다. 뼈와 피부가 바로 문법과 단어다.

독해만 가르치는 과외 선생님, 학원 선생님도 많다. 그러나 이런 선생님을 최대한 멀리하길 바란다. 문법은 당장은 필요성을 못 느끼더라도 일정 점수에 이르고 나면 그다음부터는 문법을 모르면 점수가 꿈쩍도 하지 않게 된다.

은정이에게 그렇게 심하게 야단친 후 두 달 정도 지나서 문법을 1회독 할 때가 되어서는 다른 아이들처럼 대했다. 그때쯤에는 내가 얘기하지 않아도 문법의 중요성을 알고 나보다 더 문법 사항을 챙기는 아이가 됐기 때문이다. 성적도 많이 올랐다. 성적은 계단식으로 올라간다. 어떤 경우에도 성적이 일직선으로 올라가는 법은 없다. 서너 달 해도 꿈쩍을 안 하다가 갑자기 10점 정도가 팍 뛰게 된다. 내려갈 때도 마찬가지다. 처음 한두 달 놀았다고 해서 점수가 심하게 떨어지지는 않는다. 그러다 어느 순간 심하게 곤두박질치는 법이다.

또 은정이는 성실하기만 할 뿐 요령이 없었다. 자신이 부족한 부분을 집중적으로 보고 자기가 잘 아는 부분은 설렁설렁 보아서 강약 조절을 해야 하는데 아무 생각 없이 처음부터 교재를 보고 있었다.

수업을 몇 번 한 후에 내가 학창 시절에 공부했던 책을 가져다가 공부 방법을 설명했는데 한 번도 그런 식으로 공부를 안 해서인지 효과적인 방법이라고 공감은 하면서도 자신에게 맞게 적용하려고 하지는 않았다.

만약 은정이 같은 아이를 둔 부모라면 나처럼 아주 엄한 선생님을 선택하라고 하고 싶다. 성실한 아이일수록 성적이 안 나온 원인을 자신이 열심히 안 한 데서 찾으려고 하기 쉽다. 그러나 실제로는 노력이 부족해서라기보다는 공부하는 방법을 몰라서일 가능성이 높다.

★은정이의 장점 : 성실함이다. 성실함이 몸에 밴 아이이다. 부모님도 성실하신 분이었다. 숙제 검사를 할 필요가 없을 정도로 완벽하게 해오고 성격이 차분했다. 내성적이고 조용한 스타일이어서 수업 시간에 집중력이 좋고 주의가 산만하지 않았다. 결석이나 지각도 거의 없고 수업 시작하기 전 준비 상태도 좋았다.

★은정이의 단점 : 원하는 공부만 하려고 한다. 은정이는 문법 공부를 거의 안 했기 때문에 매일 엄청난 양의 독해를 하면서도 점수가 꿈쩍을 하지 않았던 것이다. 능동적으로 자신을 반성하고 부족한 점을 찾으려고 하지 않고 성적이 오르지 않는 것에 대해서 다음에 더 열심히 하자는 식으로 넘겼다. 즉 공부 방법과 관련해서 생각을 전혀 하지 못했다. 시험을 못 봐도 자신의 공부법이 잘못됐다는 걸 쉽게 깨닫지 못했다. 그저 '열심히 하지 않아서일 거야'라고 생각하고 말았다. 또 내성적인 아이라서 시험에 대한 스트레스가 상당했다. 모의고사도 스트레스 때문에 상당히 애를 먹었다.

이런 부류의 아이를 둔 부모라면 공부는 노력이 50퍼센트, 공부 방법이 50퍼센트라는 사실을 명심하기 바란다. 성실이 몸에 밴 아이라 별 걱정을 안 하고 '열심히 하면 되겠지!'라고 생각하면 큰 오산이다. 열심히 하는 것보다는 공부 방법을 아는 것이 먼저다. 사실 대부분의 부모는 이런 공부 방법에 관해 구체적인 지식이 없다. 능력이 부족해서라기보다 부모 세대가 공부하던 시절과 비교해서 교육제도가 많이 달라졌기 때문이다. 그렇더라도 아이를 방치하지 말고 생각할 수 있도록 도와주자.

가령 시험을 못 봤을 때 노력이 부족했던 점만 지적하지 말고 공부 방법이 잘못되어서일지 모르니 주위 친구들이나 선생님에게 공부 방법을 배워야 한다고 반복해서 말해주는 것이 좋다. 또는 학습법 책을 사다 준다든가 이런 것을 잘 지도해 줄 선생님을 찾는 것도 좋은 방법이다. 점수는 공부한 양에 비례한다고 한다. 물론 맞는 말이지만 공부 방법이 잘못됐다면 아무리 열심히 해도 점수는 올라가지 않는다. 사실 이런 아이들을 보면 너무나 안타깝다. 그런데 이런 아이들이 정말 많다. 현명한 부모라면 아이에게 이런 사실을 자주 인식시켜 줄 필요가 있다.

● 공부 방법에 관한 이야기를 최대한 많이 들려주었다.

= 수업 시간에 공부 방법과 관련된 이야기를 최대한 많이 했다. 고집이 세지는 않은데 과거에 가지고 있던 잘못된 공부 방식이 습관이 되어 쉽게 고쳐지지 않았다. 지금은 문제집보다는 교과서 위주로 공부하고 있다. 아이도 공부 패턴을 많이 바꾼 상태다. 수능 모의고사 때마다 항상 시간이 부족하다고 했는데 지금은 요령이 많이 생겨 시간 안에 문제를 다 풀고 있다. 그 결과 고3 시험이 얼마 남지 않은 시점에서 영어가 1등급이 올라갔다.

● 우등생들의 공부법이나 노트 필기 교본을 사주어 자주 읽게 하였다.

= 부모님께 말씀드려 우등생들이 쓴 공부법 책이나 노트 필기 교본을 사주어 자꾸 읽을 수 있는 환경을 만들어 주도록 했다. 본인이 선생님인 내가 제시한 공부법과 책에서 본 것들이 효과가 있다고 판단했는지 동생에게도 공부법의 중요성에 대해 조언을 해주고 있는 듯하다.

※성실한 아이들은 사실 굉장히 억울한 경우가 많다. 성실히 공부한 만큼 성적이 안 나오면 스트레스가 그만큼 더 엄청난 법이다. 반드시 공부법의 문제점이 무언지를 고민하고 또 수정할 수 있도록 지도해야 한다.

16

형은 형이고 나는 나야!
내 공부 방법을 존중해 줘!

고2 병훈이

    이 아파트에 전단지를 붙인 지는 한참 되었는데 어머니가 내 프로필과 학력 등이 마음에 드셨는지 전화번호를 가지고 계시다가 전화를 하셨다. 전화상으로 잠깐 동안 통성명을 하고 약속 장소를 정했다. 아이를 만나기 전이었는데 보지 않고 그냥 와서 수업을 해달라고 했다.

    전화상으로도 어머니의 카리스마가 대단하다고 느꼈지만 실제로 만나 보니 성격이 아주 강한 분이었다. 그에 반해 아들 병훈이는 덩치만 컸을 뿐 무척 순해 보였다.

    병훈이 방에 들어가 보니 책이 많았다. 고등학생이 보기에 조금 어려운 원서와 토익책도 보였다. 수준이 상당한 아이임을 알 수 있었다. 실제로 수업을 해봤는데 고2치고는 실력이 상당했다. 문과 전교 1등을 맡아 놓고 하는 아이였다.

나는 사실 이런 아이들을 좋아한다. 이런 아이들은 별로 가르칠 것도 없다. 혼자서 공부하는 방법도 알고 실수로 한두 개 틀리는 게 전부다. 병훈이도 내가 마음에 들었는지 계속 호감을 표시했다.

선생님, 숙제를 너무 조금 내시네요

그날 수업이 끝나고 밤 10시가 되었을까, 어머니가 전화를 하셨다.

"안녕하세요. 선생님, 병훈이 엄마예요."

"네! 아까 방문했는데 안 계셔서 뵙지를 못했습니다."

"호호호! 괜찮아요."

몇 마디 안 했는데 어머니가 굉장히 좋아하는 눈치였다.

"제가 우리 아이 과외도 많이 시키고 학원도 많이 보냈는데 이렇게 병훈이가 선생님에 대해서 호평을 한 적은 처음이에요. 제가 연락을 잘 드린 거 같네요. 하여간 잘 부탁드립니다."

"알겠습니다."

그 말을 듣고 이 집과는 앞으로 좋은 관계를 유지할 수 있겠구나 싶었다.

그러나 그런 생각도 잠시. 며칠 후 병훈이 수업을 끝내고 다른 아이 수업이 있어서 이동 중이었는데 어머니가 전화를 하셨다.

"저기, 선생님!"

다짜고짜 소리를 지르셨다.

"아니, 병훈이 숙제를 이렇게 조금 내시면 어떻게 합니까? 그리고 모의고사 시험을 봤는데 무슨 오답노트 작성을 시키세요? 그리고 왜 이런 걸 말씀 안 하셨어요? 초등학생들이나 하는 숙제를 내면 어떡합니까?"

황당했다! 이 어머니는 뭔가를 대단히 착각하고 계셨다. 모든 일에는 순서가 있다. 그리고 아무리 과외 선생님이라고 해도 아이 교육을 위해서 이런 식의 대화는 좋지 못하다. 전화를 끊고 며칠 있다가 다시 그 집을 방문했다. 어머니가 지난번 일로 미안했는지 먼저 이야기를 꺼내려는 것 같았다.

"저기, 선생님 드릴 말씀이 있는데……."

"수업 끝나고 얘기하시죠."

병훈이하고 수업을 하다가 엄마가 간섭이 심한 분이란 것을 알았다.

"병훈아, 지난주에 무슨 일 있었냐?"

"엄마가 제 방에 들어와서 왜 이런 숙제를 하고 있냐면서 이걸 한 시간씩 잡고 있다고 계속 잔소리를 하셨어요."

"그래, 너도 이 숙제가 도움이 될 거란 것을 알면 어머니에게 네 의견을 말씀드리지 그랬냐?"

"저희 엄마는 제 말 따위는 안 들으세요. 그리고 말하려고 했는데 벌써 선생님한테 전화하고 계셨어요."

"그래, 알았다. 내가 어머니하고 얘기하마. 그런데 명심해라. 너희 어머니하고 대화가 안 되면 난 널 맡을 수가 없다. 난 내가 생각했을 때 도움이 안 되는 숙제를 너희 엄마 강요에 못 이겨 내는 사람이 아니다."

병훈이 얼굴이 심각해 보였다. 내가 마음에 드는데 수업을 못 할까 봐 걱정되는 모양이었다.

양과 속도로 승부하는 어머니

수업이 끝난 후 어머니가 들어오셨다. 바늘로 찔러도 피 한 방울 안 나올 것 같은 분이란 걸 얼마 후 알게 되었다.

"우리 아이들은 제가 잘 알아요. 큰아이는 Y대를 다니고 있는데, 학창 시절에 줄곧 1등만 한 아이예요. 그래서 둘째는 첫째 아이한테 콤플렉스 같은 것이 있어요. 그리고 선생님께서 갖고 계신 공부 방법론 같은 것들은 저희와 잘 안 맞는 거 같아요."

"구체적으로 뭐가 안 맞는다는 겁니까?"

이런저런 얘기를 하는데 문제는 숙제 양이 너무 적다는 거였다. 이 어머니는 전형적으로 양과 속도로 승부하고자 하는 분이었다. 많은 양의 문제집을 풀기를 원하고 토플 수준의 단어로 공부하기를 원했다.

그러면서 계속 Y대에 다니는 큰아이와 비교해서 말했다. 듣고 있자니 선생님에 대한 존경심은 전혀 없는 듯했다.

"어머님께서는 둘째 아이에게 콤플렉스가 있다고 하셨는데 그 콤플렉스를 어머님께서 만드신다는 생각은 안 해보셨습니까? 어머님이 모든 걸 첫째아이와 비교해서 얘기를 하고 계시는군요.”

이어 숙제 양과 속도에 대해서도 얘기했다.

“어머님, 큰아이가 많은 양을 공부해서 좋은 대학에 들어간 건 그 아이 이야기입니다. 둘째는 적은 양으로도 정확하게 공부해야 하는 타입입니다.”

승복을 못 하시는 표정이었다. 그러다 이내 어머니가 다시 말했다.

“언어는 그렇게 하면 안 돼요.”

“아무리 빨라도 한 걸음 한 걸음 성실하게 가는 것보다 나을 수는 없는 법입니다. 어머님도 잘 알고 계실 텐데요. 그리고 단어장도 수능에 맞는 단어를 보면 되는데, 왜 그 어려운 토플 단어를 외우게 하시나요. 아이가 원하는 부족한 공부를 해야 하는데 어머님 욕심에 맞는 공부를 하기를 원하시는 게 아닙니까?”

이해를 못 하시는 것 같았다. 30분 정도 이야기를 했다. 도저히 이해를 못 하시고 막무가내로 선생님인 나에게 본인의 방법대로 해달라고 했다.

나도 이젠 지쳐서 한마디 했다.

“어머님께서는 병훈이를 아주 잘 아시는 것 같네요. 그럼 과외를 할 필요 없이 어머님께서 책을 사서 직접 가르치시지 그러세요.”

내 말에 한동안 말이 없으셨다. 이분은 선생님이 아니라 마치 본인의 대리인을 고용한 거라고 착각한 듯했다. 내가 말을 이렇게까지 하니 조금 수그러든 것 같았다. 하지만 난 이미 이 집에서 마음이 떠

난 상태였다.

"그럼 여기서 몇 부분만 고쳐서 숙제를 내주세요."

그러나 나는 단호하게 잘라 말했다.

"아닙니다. 제가 이 아이를 계속 가르칠 것인지 좀 더 생각해 보겠습니다."

그로부터 나흘 후 수업 시간이 되었다. 어머니께 전화를 드렸다. 그만두겠다고. 어머니께서 사과를 하셨다.

"제가 판단이 잘못되었으니 중간고사 때까지만이라도 제발 맡아 주세요."

그러나 나는 거절했다. 병훈이가 날 워낙 좋아하니 날 쓰고 싶을 뿐, 내 수업 방식이 마음에 들어서가 아니라는 것을 알고 있었기 때문이다.

내가 어머니와 맞지 않아서 결국 그만두었지만 사실 아쉬움이 너무나도 많이 남는 아이였다. 기본적으로 공부하는 방법도 알고 수준도 상당한 데다가 고학년이었기 때문이다. 내가 조금만 도와줬더라면 수시를 준비하고 있는 병훈이에게 상당한 힘이 되었을 것이다.

★**병훈이의 장점 :** 적은 양을 암기하면서 공부하는 스타일이다. 근래에 만난 아이들 중에서 가장 효과적인 방법으로 공부할 줄 아는 아이였다. 절대로 대충대충 넘어가는 법이 없었으며 진도 나가는 분량에 대해서는 완벽하게 이해하고 정리해서 머릿속에 암기하는 스타일이었다.

★**병훈이의 단점 :** 공부에 대한 압박감이 너무 심해서 모의고사만 봐도 구토, 소화불량 증상에 시달렸다. 또 내성적인 성격이라 스트레스를 많이 받는 편이었다. 전형적으로 암기에 바탕을 두고 정확성으로 승부하는 스타일이어서 이런 경우 많은 양의 과제를 받거나 많은 양의 문제집을 풀게 되면 힘들어한다. 다시 말하지만, 공부는 양으로 하는 것이 아니다.

멘토링 가이드

이런 유형의 아이를 둔 부모님은 선택권과 재량권을 선생님에게 주어 아이에게 변화를 주는 것이 바람직하다. 아이가 특정 과목 점수가 낮게 나올 경우에는 공부 방법에 문제가 있는 것이다. 이런 경우 선생님에게 먼저 모든 걸 맡겨 보는 것이 좋다. 그러고 나서 두세 달 후에도 성적이 오르지 않으면, 그때는 선생님의 수업 방식에 관여해도 좋다.

내 아이는 내가 잘 안다는 생각은 옳지 않다. 또 두 자녀 이상을 기르는 부모 중에는 부모 자신이 아이의 콤플렉스를 만들어 내는 경우도 많다. 위의 어머니처럼 큰아이가 했던 공부 방식대로 가르쳐 달라고 하는 게 벌써 비교하고 있는 것이다. 세상에는 수천 가지 공부 방법이 있다. 사람마다 성격이 다르듯 자신한테 맞는 공부법도 다 다르다. 아이의 성격이나 공부 방법론은 고려하지 않은 채 부모의 뜻에 따르기만을 강요해서는 안 된다.

● **담당 선생님에게 재량권을 주는 것이 좋다.**

= 일단 아이 공부와 관련해서 선생님에게 모든 부분을 맡겨 보시고 그 이후에도 성적이 향상되지 않을 경우 관여를 하시는 것이 좋을 것이다.

※ 만약 병훈이처럼 성적이 좋은 데다 수시를 준비하는 아이라면 반드시 평소에는 학교 공부와 수능을 같이 준비하고 방학 동안에는 한 달에 한 번 치르는 토익 시험을 봐서 점수 관리를 할 필요가 있다. 요즘은 대학들이 수시 시험에서 토익이나 텝스 성적을 요구하므로 미리 준비를 해 둬야 한다.

17

엄마, 그거 알아! 공부에 의욕이 없는 게 엄마 때문이란 거

고2 준혁이

일이 있어 지방에 갔다가 돌아오는 길에 한 어머니의 전화를 받았다. 이분은 다른 어머니와는 조금 달랐다. 전화상으로 40분 넘게 많은 얘기를 했다. 며칠 전에 준혁이와 함께 집에 돌아오는데 준혁이가 엄마에게 이런 말을 했다고 한다.

"고등학교에 들어가서 첫 모의고사를 봤는데 문제 해석을 잘 못하겠어."

사실 이런 아이들이 많다. 중학교 다닐 때까지는 한 번도 정해진 범위 이외의 것을 공부해 본 적이 없는 경우다. 중학교 때는 우등생이었는데 고등학생이 되면서 시험 범위가 없는 수능 앞에 어쩔 줄 몰라하는 것이다. 그래서 시험 범위 밖에서 공부할 필요가 있는 것이다. 특히 영어는 더 그렇다.

전 밖에 못 나가요

먼저 준혁이를 테스트했다. 실력이 괜찮았다. 기초실력이 갖춰진 아이는 독해가 조금 부족하더라도 금방 좋아진다. 그만큼 중학교에서 기본기를 잘 닦아 놓는 것이 중요하다.

잠시 후 어머니와 이런저런 이야기를 나눈 뒤 과외를 시키고 싶은 마음이 있으면 전화하시라고 말씀드리고 나왔다. 5분쯤 흘렀을까! 어머니가 전화를 해서 준혁이를 맡아 달라고 했다. 사실 당시 수능이 얼마 남지 않았고 가르치는 아이들도 많아서 2주 후 명절이 끝나면 시작하겠다고 했지만 어머니가 막무가내였다.

"아휴, 선생님. 저녁 12시라도 괜찮으니 꼭 좀 와주세요. 우리 준혁이가 선생님한테 배우고 싶다고 하네요. 제발 부탁드려요."

"제가 시간표를 잡아서 다시 연락드리겠습니다."

며칠 후 어머니가 두 번이나 전화를 했다. 결국 없는 시간을 쪼개 수업을 몇 번 했다.

준혁이는 성실한 편이었고 특별히 문제가 없어 보였다. 내가 조금만 가다듬으면 잘 훈련시킬 수 있을 거라는 느낌이 들었다.

그러던 어느 날이었다. 개인적인 일로 준혁이 수업을 몇 번 빠지게 돼 수업을 연속으로 세 번 하게 되었다. 일요일과 공휴일이 연달아 있어 가능했다.

"준혁아! 오늘 쉬는 날인데 뭐 했냐? 나가서 친구들하고 축구도 좀 하고 영화도 보지 그랬냐."

"전 밖에 못 나가요. 나갔다가는 엄마한테 맞아 죽어요. 엄마가 저에게 자유 시간을 안 줘요. 그래서 저는 사실 집에서 과외 받는 것도 싫어요. 그냥 학원 다니는 게 좋아요. 집에만 있으면 답답해요."

그 이후에도 비슷한 질문을 한 적이 몇 번 있지만 준혁이의 대답은 한결같았다. 수업을 하면서 아이가 한 번도 밖에 나가서 여가 활동을 해본 적이 없다는 것을 느낄 수 있었다. 여가 활동도 어머니 통제 하에서만 했다. 모든 것을 부모님과 함께 해야 하고 학원이나 과외도 부모님이 일방적으로 결정했다. 준혁이의 의사는 조금도 반영되지 않는 듯했다. 좋은 친구를 사귀어야 한다는 이유로 통학할 때 이용하는 차 안에서도 성적이 괜찮은 아이 옆에 앉도록 했으며 준혁이가 방과 후 친구하고 있다가 조금만 늦게 와도 심하게 체벌하곤 했다.

휴대전화에 45번이나 찍혀 있는 엄마의 번호

이런 집 아이들의 문제점은 의욕이 없다는 것이다. 공부를 '왜' 해야 하는지 동기부여가 안 되어 있기 때문에 공부가 자신에게 무슨 의미가 있는지를 모른다. 내가 동기부여를 하기 위해 이런저런 얘기를 하며, 대학 이야기까지 꺼냈는데 먹히지 않았다. 의욕이 없는 원인을 다른 데서 찾고 있으니 해결이 될 리가 없었다.

준혁이 어머니는 준혁이를 도서관 같은 데도 혼자서 잘 보내지 않았다. 도서관은 꼭 형과 함께 가게 했다. 하루는 형하고 도서관에 갔는데 형이 잠깐 자리를 비운 사이에 형 휴대전화에 엄마 전화번호가 45번이나 찍혀 있었다고 한다. 정말 안타깝다. 아이가 공부를 하는지 안 하는지 확인하고 싶어서 전화를 하셨을 텐데 그 몇 분을 참지 못하고 계속해서 전화를 하신 것이다. 그리고 준혁이를 심하게 때린다. 특별히 잘못한 것도 없는데 왜 아이를 때리는지 모르겠다. 난 기본적으로 아이를 때리는 부모를 이해할 수 없다. 그건 좋은 해결책이 아니다.

★**준혁이의 장점 :** 굉장히 성실하다. 성격도 차분하고 공부도 성실하게 했지만 공부 외에는 딴짓을 거의 하지 않았다. 그렇다고 생각 없이 공부하는 스타일은 아니었다. 책 한 권을 반복해서 보려고 하는 것도 좋은 점이다.

★**준혁이의 단점 :** 의욕이 없다. 그렇기 때문에 자신이 왜 열심히 공부해야 하는지도 모른다. 또 다른 아이들과 비교했을 때 단기간에 집중적으로 많은 양을 봐야 하는 내신에서 취약했다. 암기는 비교적 잘하는 편이지만 양이 조금만 많아지면 거부감을 나타냈다.

멘토링 가이드

자신이 집착이 강한 부모라고 생각되면, 아이가 굉장히 스트레스를 많이 받고 있다는 사실을 알아야 한다. 그러나 많은 부모가 정작 스트레스의 주범이 자신이라는 사실을 깨닫지 못한다는 데 문제가 있다. 아이가 공부 의욕이 없는 원인을 다른 데서 찾으려고 하지 말고 부모 자신이 먼저 변해야 한다.

먼저 아이에게 자율적인 시간을 주는 것이 필요하다. 주말에 아르바이트를 시켜 보는 것도 좋다. 새벽에 신문 돌리는 아르바이트를 하게 하는 것도 좋은 방법이다. 이런 일을 하다 보면 공부에 대한 의욕이 스스로 생길 수도 있다. 공부는 동기부여가 되지 않으면 어느 선 이상으로는 절대로 성적이 올라가지 않는다. 또 성적이 올랐을 때 물질적인 보상이 아니라 부모와 떨어져서 혼자 여행할 수 있는 여건을 만들어 주었으면 좋겠다. 영어캠프나 어학연수 등을 보내는 것도 좋은 방법이다.

● 어머니의 자식 사랑이 지나치다는 것을 알려 드렸다.

= 어머니 자신이 자식에 대한 사랑이 지나치다는 사실을 깨닫지 못하고 계셨다. 준혁이가 받는 스트레스에 대해 이야기를 들려주자 한동안 말씀이 없으셨다. 아르바이트도 좀 시키시고 주말에 아이들과 밖에 나가서 여가활동도 하게 하는 게 어떻겠냐고 말씀드렸다. 일단 준혁이는 의욕이 너무 없었기 때문에 동기부여를 시키는 게 우선이라고 판단되었기 때문이다. 어머니는 동의는 하면서도 좋지 않은 친구들과 어울릴까 두려워하셨다. 결국 교회 성가대와 주일에 교회 아이들끼리 하는 축구 동아리에 가입하게 하셨다.

● 잠시 집에서 벗어나 공부할 수 있는 환경을 만들어 주었다.

= 집에서 공부하니 답답하다는 말을 준혁이한테 듣고 내가 어머니께 말씀드려 아파트 단지 안에 있는 사설 도서관에 다니면서 혼자 공부할 수 있게 해주었다. 성실한 아이라 딴짓을 할 가능성은 적었다. 이런 식으로라도 조금씩 변화를 주었더니 준혁이가 매사에 굉장히 적극적인 성격으로 변했다. 며칠 전에는 새벽 늦게 모르는 게 있었는지 문자를 보냈다. 사실 조금 놀랐다. 어머니께 이런 것들을 말씀드리니 어머니도 준혁이의 변화된 모습에 많이 놀랐다고 하셨다.

18
가만히 내버려 두면
내가 알아서 잘하잖아

고3 상현이

지금 소개하는 이 아이는 내가 가르친 아이들 중 가장 단기간에 성적이 많이 올라 학생도 과외 선생인 나도 상당한 성취감을 맛볼 수 있었다.

추운 겨울 토요일 저녁이었다. 8시쯤 되었을까. 다음 날 수업할 자료를 정리하고 있는데 한 아버지가 전화를 하셨다.

"우리 상현이가 고3에 올라가는데 영어 과외를 해보고 싶다고 해서 전화드렸습니다. 상현이 바꿔 줄 테니까 얘기 한번 해보시겠어요?"

"네!"

일반적으로 과외를 부탁하는 부모와는 상당히 달랐다. 보통은 어머니가 전화를 하고 과외 선생인 나에 대한 인적 사항이나 태도, 공부 방법 등을 질문하기 마련인데 이분은 그렇지 않았다.

조금 있다가 상현이가 전화를 받았다.

"안녕하세요, 선생님. 상현이라고 합니다."

"그래, 반갑다. 상현아. 영어 성적이 잘 나오지 않아서 전화했구나. 학교 등급과 수능 등급이 어떻게 되냐?"

"3등급 정도 됩니다."

"고3에 올라가면 이 점수 가지고는 원하는 대학에 가기 힘들다. 열심히 해야 할 거 같다."

이런저런 이야기를 한 후 일요일에 직접 만나기로 하고 전화를 끊었다.

자율형 부모

다음 날이 되었다. 엘리베이터 안에서 옷매무새를 점검한 후 초인종을 눌렀다. 상현이는 어떤 아이일까? 두근거리는 마음으로 잠시 기다리자 한 아이가 나왔다.

"안녕하세요, 선생님!"

"네가 상현이구나."

아이는 키도 크고 모범생 인상이었다. 머리를 짧게 자른 게 공부 이외의 것은 별로 신경 쓸 것 같지 않았다. 상현이가 음료수를 가지러 간 사이 집안을 대충 둘러보았다. 집이 좀 낡은 편이었고 외적인 것에 그렇게 관심이 없는 집이었다. 난 사실 이런 것들을 중요하게 여긴다. 직업병이랄까. 이런 외적인 것을 보면 부모님 성향을 파악할 수 있기 때문이다. 조금 후 상현이가 음료수를 가지고 왔다.

"부모님 어디 가셨냐?"

"주일이라서 교회에 가셨어요."

"그래."

처음 전화를 받았을 때의 느낌하고 같았다. 확실히 자율형 부모님이었다. 과외 선생이 처음 오는 날인데도 부모님께서 나를 직접 보지 않고 아이의 판단에 맡기는 태도가 그랬다.

사실 이런 집은 정말 드물다. 아이들은 성실한 데다 공부 외적인 것에는 거의 신경을 쓰지 않는다. 과외 선생인 내가 가장 좋아하는 아이들이다. 물론 이런 아이들도 단점은 있다.

수학을 너무 좋아해서요

몇 분 동안 영어에 관해 이것저것 자세하게 물어보았다. 본격적으로 수업을 한 건 아니지만 상현이 실력이 상당히 뛰어나다고 느꼈다. 영어를 못한다기보다는 영어를 많이 안 했다는 느낌이었다. 다른 과목을 공부하는 게 더 좋아서 그랬을 거다.

"상현아! 실력이 상당히 좋구나. 그런데 수능 등급이 3등급 그것도 70점대 초반으로 의외로 점수가 잘 안 나오는 것 같다."

"맞아요. 제가 사실 1, 2학년 때 영어 공부를 안 했습니다. 수학을 너무 좋아해서 수학 공부를 많이 했습니다.”

이 말을 듣고 내가 조금만 잡아 주면 성적이 빠른 시일 안에 향상될 수 있을 것 같다는 느낌을 받았다. 일주일에 두 번 수업이기 때문에 상현이와 공부 방향에 대해 상의를 했다. 듣기 실력이 부족해서 독해와 병행해서 듣기 수업을 하는 것으로 방향을 잡았다.

본격적으로 수업이 시작됐다. 집 안에 강아지가 있어서 듣기 평가 시간에 방해가 되었지만 상현이의 집중력은 아주 좋았다. 기초실력이 있는 데다 가고자 하는 대학도 분명하고 왜 공부를 해야 하는지도 아는 열정이 많은 아이였다. 듣기 7문제와 독해 12개 정도를 1시간 30분 동안 풀었다. 모든 지문을 해석했다. 보통 그런 경우는 없지만 EBS의 중요성이 커진 요새는 EBS 교재에서 70퍼센트 정도가 나오기 때문에 고3인 상현이는 독해 지문을 모두 해석하는 것으로 방향을 잡았던 것이다.

이처럼 1시간 30분 수업에 독해 문제 12개 정도를 무리 없이 해석하는 아이를 둔 부모라면 특별히 걱정하지 않아도 될 것 같다. 요새 EBS 문제가 어려운 편이니 일반 문제집이었으면 17개 정도도 가능할 것이다. 이런 경우는 실력이 상당히 좋은 편에 속한다고 할 수 있다.

사실 상현이는 나를 만나기 전에 70점 정도 맞는 아이였다. 그러나 그 후 한 달 반 만에 79점이 나왔고 다시 한 달 정도가 지나서는 87점을 받았다. 듣기를 세 문제나 틀렸는데도 말이다. 내신이 아니라 수능 모의고사 성적이다.

★**상현이의 장점 :** 무척 성실하다. 문법과 단어의 기초실력이 있기 때문에 부족한 독해와 듣기에 시간을 할애할 수 있었다. 또 수업을 빠지는 경우도 거의 없었다. 학원에 다니기보다는 혼자 공부를 했을 가능성이 크다. 요즘은 학원을 많이 다니기 때문에 학원을 다니지 않았다는 말은 전혀 다니지 않았다는 게 아니라 한두 개 정도 다닌 것을 말한다. 괜찮은 교재와 마음에 드는 선생님을 만난다면 아주 짧은 기간에 상당히 좋은 성과를 낼 수 있는 유형이다.

★**상현이의 단점 :** 상현이는 아주 성공적인 유형에 속하지만 보통 이런 경우 아이는 자신이 좋아하는 공부만 하려는 경향이 있다. 다시 말하지만 나보다 1점이라도 성적이 잘 나오는 아이가 있다면 그 친구의 공부법을 배우려고 노력해야 한다. 그 외에 스트레스를 풀 수 있는 공간이 없어 자칫 슬럼프에 빠지면 성적이 심하게 떨어질 수 있다는 단점이 있다.

멘토링 가이드

상현이 어머니는 모든 것을 아이에게 자율적으로 맡기는 게 아이의 성격에 맞는다고 생각하시는 듯했다. 과외 선생인 내가 봐도 바람직한 현상이다. 오히려 부모가 심하게 간섭하고 통제하면 이런 아이는 용수철처럼 다른 방향으로 튈 것이다.
만약 우리 아이가 이런 스타일이라면 심한 간섭을 자제하고 아이의 의견을 최대한 존중해 학교생활이나 공부 방법에서 재량권을 주어야 한다. 그러나 지나치게 자율적이거나 무관심한 경우에는 중요한 시기에 자칫 잘못된 길로 빠질 수 있으니 조심해야 한다. 따라서 기본적으로 아이의 판단에 맡기되 공부 외적인 부분에 신경을 써주는 게 좋다. 스트레스를 덜 받는 환경을 만들어 주거나, 운동을 통해서 부담을 줄여 주는 것도 좋다.

사실 상현이는 근래에 만났던 아이들 중에 가장 성적 향상이 좋아서 가르치는 입장에서 자부심을 갖고 있다. 이런 아이들은 수업 시간에도 최대한 의견을 존중해 주는 것이 좋다. 자석처럼 항상 공부하는 방향으로 에너지를 끌어당기기 때문에 공부에 방해되는 것들만 제거해 주면 성적이 향상될 것이다. 그것도 아주 빠른 속도로 말이다. 부모님께서도 내가 했던 것과 마찬가지로 아이에게 자율적으로 공부할 수 있게 해주는 것이 좋다.

이런 과외 · 학원 선생님에게
아이를 맡기지 말자

많은 부모가 자신의 아이를 잘 키우고 싶다는 욕심 때문에 역량 있는 과외 선생님을 모시고 싶어 한다. 하지만 선생님을 선택할 때에는 매우 신중해야 한다. 좋은 선생님을 만나면 단기간에 아이의 성적이 오를 수 있다. 나아가 아이의 성격은 물론이고 아이의 장래까지 바뀔 수 있기 때문이다.

투자한 시간, 금액만큼 아이의 성적이 나오지 않는다면 얼마나 안타까운 일인가. 이런 이유로 나는 어떻게 해야 훌륭한 선생님을 만날 수 있고, 어떤 선생님이 아이에게 좋은 영향을 끼칠 선생님인지를 알려 드리고자 한다.

1

문제집 7, 8권으로
공부시키는 선생님

공부는 항상 양과 질, 속도와 정확성, 이 둘의 조화라고 생각하면 된다. 양과 속도에 집착하면 좋은 결과를 얻을 수 없다. 내가 가르쳤던 한 아이는 나를 만나기 전에 과외 선생님과 문제집 8권을 가지고 공부했다.

문제집을 많이 풀었다는 만족감은 있을지 모르나 머릿속에 얼마나 기억을 하고 있을지는 의문이다. 정확성에 바탕을 두고 5지선다형의 객관식 지문을 골라내려는 연습을 하는 것이 아니라 엄청난 양의 문제를 푸는 데만 급급할 수 있기 때문이다. 자기가 잘못 찍은 지문이 왜 틀렸는지 생각도 안 한다. 또 틀린 이유를 정확히 알고 암기할 시간도 없이 계속해서 새로운 유형의 문제만 풀게 된다.

나 역시 학교 다닐 때 문제집은 한두 권 정도만 봤다. 대신 교과서를 10번 이상 읽었다. 모든 문제는 교과서에서 출제되고 고등학교 과정까지의 대부분의 문제는 이 범위를 벗어나지 않는다. 따라서 교과서의 중요성을 아이에게 심어 주고 그것을 반복시키시는 것이 좋다.

예전에 가르쳤던 미대 지망생 아이는 수능이 4등급이었다. 하루는 독해 지문을 풀고 있는데 아이가 지문의 첫 문장을 다 해석하지도 않았는데 정답을 골라냈다. 이 아이는 생각은 전혀 하지 않고 계속 이 책 저 책 풀다 보니 지문의 몇 단어만 봐도 정답을 외우고 있어서 답을 골라낼 수 있었다.

아이의 어머니는 더 심각했다. 하루에 수능 모의고사를 1회 분씩 풀도록 했다. 집에 독해 문제집이 20권은 있었다. 또 문법 공부는 하지도 않고 계속해서 독해만 시켰다. 생각해 보라. 모의고사 1회 분은 50문제다. 1년이면 모의고사 365회 분을 푸는 것이다. 3년이면 1,000회 분이다. 이렇게 많은 문제를 풀면 점수가 올라야 하는데도 그렇지가 않다. 모든 문제는 거의 비슷하다는 사실을 말씀드리고 싶다. 문법과 단어 실력으로 독해 문제를 풀어내려고 해야 한다.

얼마 있다가 이 아이가 수능 5등급을 받고 지방대에 갔다는 이야기를 들었다. 나로서는 안타깝다는 말밖에 할 수 없다.

★양에 치중한 나머지 정확성이 떨어져 아이의 실력이 늘지 않는다.

2

한 교재를 두 달 안에
끝마치지 못하는 선생님

인간은 망각의 동물이다. 자기가 외운 내용도 시간이 흐르면 자꾸 잊어버리게 된다. 사람들은 잊어버리기 때문에 공부하기가 힘들다고 말하지만 반대로 자꾸 잊어버리기 때문에 머리 나쁜 사람도 공부를 잘할 수 있다. 왜? 반복해서 여러 번 보면 되니까!

한 과목이나 한 챕터를 공부하는 데는 상당한 시간이 걸린다. 그러므로 이 주기가 두 달을 넘는 것은 아이 교육에 좋지 않다. 실제로 내가 맡았던 아이들의 다른 선생님은 대부분 진도에 대해 별 생각 없이 가르치고 있었다. 한 선생님은 문법책을 6개월 동안 가르치는 분도 있었다.

6개월 만에 책 한 권을 끝내고 처음으로 돌아오면 거의 아무것도 기억나는 게 없을 것이다. 1순환(처음부터 끝까지 다 보는 기간) 주기가 너무 길기 때문이다. 내가 아이들을 가르칠 때는 거의 대부분 두 달을 1순환 주기로 삼았다. 아이들을 가르쳐 본 결과 반복 효과를 줄수 있는 가장 적당한 시간인 것 같다.

내가 알고 있는 한 아이의 수학 선생님은 아예 진도에 대한 인식이 없었다. 고등학생이기 때문에 수능을 위해 계속해서 고1부터 고3까지의 과정을 풀어 줄 필요가 있는데도 수학 문제는 많이 풀어야 응용력이 생긴다는 이유로 두꺼운 책 한 권을 사서 1년 동안 풀었다.

문제집 한 권의 분량이 많다면 홀수 문제만 푼다든가 아니면 3의 배수로 푼다든가 하는 식으로 구체적인 방법을 강구하여 머릿속에서 잊히지 않게 해야 한다. 두 달 만에 끝내는 방식을 선택한다면 1년이면 6번이나 볼 수 있지 않은가!

또 문제를 많이 풀어 봐야 한다고 하는데 이것은 가끔 보는 모의고사 양으로도 충분하다. 절대로 잊지 마라! 새로운 문제를 푸는 것보다 풀어 본 문제나 틀린 문제를 잊어버리지 않는 것이 더 중요하다는 사실을. 지금까지 풀었던 문제만 잘 기억해도 고득점에는 전혀 지장이 없다.

★두 달을 1순환하는 주기가 반복 효과를 위한 필수 조건이다.

3

한 교재를 여러 번 보지 않고
자꾸 새 교재로 바꾸는 선생님

공부에서 가장 중요한 것은 바로 교재다. 좋은 선생님을 만나고 좋은 학원을 다니는 것도 중요하지만 실제로 아이들은 교재를 보면서 가장 많은 시간을 보낸다. 교재 선정은 그만큼 중요하다.

많은 부모가 단계별로 조금씩 올라가는 교재를 선호할 것이다. 그러나 이것은 좋은 방법이 아니다. 예를 들어 고1부터 차례대로 고3까지 올라가게 돼 있는 단계별 교재 서너 권을 보는 것보다 고1부터 고3까지의 내용을 다 담고 있는 교재 한 권을 반복해서 보는 것이 머릿속에 더 오래 남는다.

아이들은 당장 푼 문제나 어제 본 문제는 대부분 기억하고 잘 풀어낸다. 중요한 건 수능 당일에 기억이 나야 한다는 것이다. 만약 그날 기억이 안 난다면 그것은 공부를 잘못한 거다. 단계별 책을 한 권씩 풀어 나간다는 만족감보다는 자기 머릿속에 얼마만큼의 내용이 암기되고 있는지를 먼저 생각해야 한다.

　일단 한 교재를 선택했으면 적어도 다섯 번은 봐야 한다. '노력의 곡선'이라는 것이 있다. 같은 책을 반복해서 여러 번 보면 어느 정도 횟수에 이르면 그다음부터는 책을 보는 속도가 점점 빨라지는 것을 말한다. 그 반복의 양은 세 번으로는 안 된다. 열 번은 봐야 한다. 그 정도 보게 되면 책 한 권을 하루면 다 볼 수 있다.

　★한 교재를 반복해서 봐야 기억에 오래 남는다.

4
아이의 수준은 고려하지 않은 채 너무 쉬운 교재를 쓰는 선생님

요새 아이들에게 영어를 가르치다 보면 놀랄 때가 많다. 실력이 우수한 아이들이 내가 학교 다닐 때보다 훨씬 많아졌기 때문이다. 처음 아이를 만날 때 신중하게 테스트 과정을 거치면서 부족한 부분을 잡아내려고 노력하는 이유다.

실제로 내가 가르쳤던 중학교 2학년 아이는 고3 교재로 수업하기도 했다. 실력이 워낙 좋았기 때문이다. 이렇게 아이 실력이 좋은데도 이것을 간파하지 못하면 그 학년의 교재를 쓰게 된다. 이는 아이가 공부에 흥미를 잃고 선생님에 대한 존경심마저도 잃게 하는 이유가 될 수 있다.

또 이런 일도 있었다. 초등학교 5학년 아이였는데 독해와 문법 실력도 괜찮았지만 듣기 실력은 정말 뛰어났다. 가까운 아파트에 사는 고3이 풀지 못하는 문제도 이 아이는 맞힐 정도였다. 처음에 내가 중학교 듣기 평가 책으로 수업을 했는데 이상하게 아이가 집중력이 많이 떨어졌다. 너무 쉬워서였을 것이다. 그런데 고3 EBS 듣기 교재를 쓰면서부터는 수업에 더 집중하고 자신감도 많이 생겼다.

선생님 중에는 일부러 쉬운 교재를 선택하는 사람도 있다. 사실 선생님 입장에서는 쉬운 교재로 수업하는 것만큼 편한 것도 없다. 그러나 그것은 진정으로 아이를 위하는 길이 아니다.

선생님 선택에 실수가 없으려면 우리 아이의 실력을 정확히 알고 있어야 한다. 무작정 학원 하나 더 보낼 것이 아니라 선생님의 성향을 파악하고 아이에게 적당한 교재를 골라 공부하게 해야 한다.

★실력에 맞지 않는 교재는 아이가 공부에 대한 흥미를 잃는 원인이다.

5

동기부여를 할 수 없는 선생님

공부를 잘하는 아이나 못하는 아이나 동기부여는 똑같이 중요하다. 아이가 미처 발산하지 못한 엄청난 에너지를 이끌어 낼 수 있기 때문이다. 동기부여가 되면 공부를 잘하는 아이는 자기가 가고자 하는 데보다 더 좋은 대학을 정할 수 있고 공부를 못하는 아이들도 공부에 흥미를 붙여 공부를 잘하게 될 수 있다.

내 외가 쪽에 조카아이가 한 명 있는데, 성실하고 공부도 잘하는 편이다. 하루는 외삼촌이 내게 이런 말을 했다. 아이가 중학생 때 카이스트 다니는 선생님한테 과외를 잠깐 받았는데 그 선생님한테 대학 나와도 취직도 안 되고 학창 시절에 열심히 공부했는데 대학 가니 별 소용이 없다는 얘기를 듣고는 아이가 공부에 자신감을 많이 잃었다는 것이다.

이 선생님은 어떤 의도에서 그 같은 이야기를 했는지 모르겠으나 이런 선생님은 피하기 바란다. 아직 인격적으로 완전히 성숙하지 못한 아이에게는 동기부여가 될 만한 이야기를 들려주어야 한다.

나 역시 동기부여를 해주기 위해 많은 노력을 기울인다. 어떤 아이가 됐든 가장 먼저 아이의 상황을 이해하고 아이에게 부족한 점을 파악하려고 한다. 그리고 부모님의 경제적인 상황과 가족관계, 특히 어머니와의 관계를 살핀다. 또 수업 시간에 이런 부분에 대해 아이와 많은 대화를 하며 대학이나 장래 희망에 대해서도 자주 물어보면서 자신감을 불어넣어 주려고 한다.

부모님은 아이의 신상에 대해 자주 질문하고 아이의 미래에 대해 대화하려고 하는 선생님인지 주목해야 한다. 그런 선생님은 아이의 학교 성적뿐만 아니라 아이의 잠재력을 최대한 끌어내어 도움을 주려고 하는 것이다.

★아이의 잠재된 에너지를 끌어내는 것이 동기부여다.

6

정해진 수업 시간을 넘겨서
서너 시간씩 아이를 잡고 있는 선생님

어떤 부모는 이 말에 반문할지도 모르겠다. 선생님이 아이와 오래 수업하면 좋은 것이 아닌가라고 말이다. 그러나 인간의 집중력과 체력에는 한계가 있다. 한번에 너무 많은 에너지를 써버리면 반드시 휴식과 운동으로 보충해야 한다.

그러나 대부분의 수험생 어머니는 휴식하거나 운동할 시간도 아까워서 오로지 '열심히'만을 강요하고 있다. 아이들의 일과 시간을 보자. 7시에 기상해 9시에 등교하면 하루의 대부분의 시간을 학교에서 보낸다. 중학생이면 4~5시, 고등학생이면 야자(야간 자율학습)를 뺀다고 하더라도 7시에 집에 온다.

공부는 한 과목만 하는 것이 아니다. 만약 영어 과목에서 이렇게 오랫동안 아이를 붙잡고 수업을 하면 아이는 다른 과목 공부를 하기도 전에 지쳐 쓰러질 것이다. 아이들 공부는 100미터 달리기가 아니

라 오래달리기이기 때문에 체력이 무엇보다 중요하다. 따라서 수업
은 정해진 시간이면 족하다. 다만 정해진 시간을 최대한 효율적으로
활용하는 선생님을 만날 것을 권한다.

부모님에게 부탁하여 수업 시작하기 15분 전에 숙제로 내준 단어
를 써보게 하면 수업 시간을 숙제 검사하느라고 낭비하지 않게 된
다. 문법도 처음 한 번만 수업하고 기본적인 문법은 수업한 내용을
녹음해서 MP3파일로 주고 숙제로 내주어 듣게 한다. 그러면 수업 시
간에는 문제를 더 많이 풀 수 있고 독해와 듣기가 부족한 아이들에
게도 효율적인 시간 배분을 할 수 있다. 이렇게 하면 아이들도 효과
적이고 선생님도 수업하기가 편하다.

단어 검사를 하는 데 수업 시간의 20여 분을 쓴다거나 수없이 봤던
문법을 또 설명한다거나 불필요한 잡담으로 아이의 소중한 시간을
뺏는 선생님은 자질을 의심해 봐야 한다.

★수업 시간에 단어 검사나 잡담으로 아이의 소중한 시간을 뺏으면 안 된다.

7

문법을 가르치지 않는 선생님

자녀에게 관심이 많은 학부모라면 영어에서 문법이 차지하는 비중이 얼마나 큰지 다들 잘 알 것이다. 그런데도 문법 수업을 하지 않는 선생님이 상당히 많다. 아마 수능이 독해 위주의 시험이라서 그럴 것이다. 하지만 앞에서도 말했지만 단어와 문법을 못하면 절대로 독해를 잘할 수 없다. 인간의 몸으로 따지면 단어는 우리 몸에 흐르는 '피'이고 문법은 '뼈'다. 피가 깨끗하고 뼈가 튼튼해야 건강한 사람이라고 할 수 있는 것처럼 문법도 겉으로 드러나지는 않지만 영어 실력을 쌓는 매우 기초적인 요소다.

그러나 이런 사실을 간과한 채 오직 독해만을 강조하는 선생님이라면 아이가 속은 다 곪아서 터지기 일보 직전인데 화장발로 예쁘게 치장한 허약한 인간을 만드는 것이다.

나도 아이들을 가르치고 있지만 머리 아픈 문법은 가르치고 싶지 않다. 아이들도 싫어하고 내용도 딱딱하기 때문이다. 하지만 문법을 하지 않으면 일정 수준에 이르러서 절대로 점수가 오르지 않는다는 사실을 누구보다 잘 알고 있다.

개인적으로 나는 수능에 문법 문제가 더 많이 출제되어야 한다고 생각하는 사람이다. 국제영어능력평가시험에서는 아예 문법 몇 문제마저도 빼버리겠다고 하는데 영어 선생인 내가 보기에 이는 크게 잘못된 정책이다. 또 아이들 문법을 중학교, 고등학교 과정에서 각 과마다 조금씩 가르칠 것이 아니라 중학교 3년 내내 또는 고등학교 3년 내내 쓸 수 있는 문법책으로 반복해서 가르치는 것이 효율적이다.

항상 영어 선생님을 선택할 때는 문법을 강조하고 그것을 집중적으로 강의하는 선생님을 찾기 바란다. 아이가 힘들어하고 성적 향상이 더딜지라도 시간이 지나면 올바른 선택이었다는 것을 깨닫게 될 것이다.

★영어에서 문법을 공부하지 않고는 성적 향상에 한계가 있다.

8

내신과 수능 중 하나만 가르치는 선생님

지금부터 하려는 이야기는 내신 준비를 혼자서 할 수 있거나, 내신과 수능 한쪽 점수가 심하게 떨어져 둘 중 하나에 집중해야 하는 학생한테는 맞지 않을 것이다.

그러나 보통의 학생이라면 수능과 내신 둘 다를 준비하고 있을 것이다. 그런데 내신 기간이라고 해서 다니던 학원을 잠시 쉬게 하는 것은 올바른 방법이 아니다. 이렇게 되면 아이들 공부 흐름도 끊길 수 있다. 솔직히 나 역시 가르치는 입장에서 시험 기간만 되면 그 많은 아이들 내신을 일일이 다 챙겨야 하기 때문에 굉장히 힘들고 피곤하다. 요즘은 아이들 교과서가 10종이 넘는다.

학교마다 다른 교과서를 바탕으로 예상 문제를 만들고 원고 작업을 해야 할 때면 엄청난 압박감에 짓눌리곤 한다. 그러나 그렇게 해 줘야 선생님의 도리를 다하는 것이다. 실제로 이런 이유로 내신이나 수능 둘 중 하나만 가르치는 선생님이 정말 많다. 또 아이가 실력이 없으니 내신을 해야 하고 수능은 실력이 쌓인 다음에 해도 늦지 않다고 얘기하는 선생님도 있다.

이런 선생님에게 아이를 맡기지 말 것을 권한다. 반드시 평소에는 수능이나 학교 과정을 공부하게 하고 시험 보기 3~4주 전부터 내신 공부를 봐주는 선생님에게 아이를 맡기기 바란다.

내신과 수능 둘 다를 가르치는 선생님은 그렇지 않은 선생님에 비해 그만큼 아이를 위해 헌신하고 있는 것이다.

★아이를 위해 헌신하는 선생님은 내신과 수능 둘 다를 가르친다.

3장

우리 아이 공부 잘할 수 있는 환경을 만들어 주자

이 세상에 존재하는 모든 것은 환경에 지배를 받는다. 공부 역시 마찬가지다. 우등생 집에 가보면 열등생 집과는 다른 환경, 즉 공부에만 집중할 수 있는 환경이 조성돼 있다. 내 아이를 공부 잘하는 아이로 키우고 싶다면 우리 아이 성격과 공부 패턴에 맞는 환경을 만들어 주어야 한다.

지금부터는 많은 학생들을 가르치면서 느꼈던 공부에 도움이 되는 환경에 대해 소개하고자 한다. 학부모님들은 다음에 소개하는 내용을 참고하여 우리 아이에게 적합한 환경을 만들어 주었으면 한다.

1

책상, 의자, 그리고 조명

수업을 하러 아이들 집을 방문해 보면 사실 놀랄 때가 많다. 집안 분위기도 가지각색이지만 공부 환경이 의외로 좋지 못한 경우를 많이 보기 때문이다. 많은 부모님이 공부를 잘할 수 있는 환경을 만들어 주려고 노력하겠지만 의외로 이에 대해 인식하지 못하는 분들도 꽤 많다.

책상 : 사실 아이들은 책상 앞에서 가장 많은 시간을 보낸다. 공부하는 자세는 크게 책상에 의자를 갖다 놓고 하는 것과 바닥에 상을 펴놓고 앉아서 하는 것 두 가지가 있다.

수업을 하다 보면 바닥에 앉아서 공부하는 아이들이 의자에 앉아서 공부하는 아이들보다 집중력이 많이 떨어진다. 바닥에 양반다리를 하고 오래 앉아 있으면 혈액 순환에 문제가 생기기 때문이다. 또 책상에서보다 고개를 많이 숙이게 되는 것도 집중력을 떨어뜨리는 원인이다. 이런 이유로 가능하면 아이들이 책상에서 공부할 수 있도록 해주는 것이 좋다.

책상의 종류도 집집마다 다양한데 옆에 책꽂이가 달려 있는 책상을 가장 많이 쓰는 듯하다. 그러나 이런 것보다는 책꽂이와 책상이 분리되어 있어서 아이가 책상을 넓게 활용하도록 하는 게 좋다. 그래야 필기도구나 교과서, 문제집 등을 마음대로 올려놓고 쓸 수 있기 때문이다. 사설 도서관에서 쓰는 칸막이 같은 것으로 시선이 분산되지 않도록 해놓고 공부하는 아이도 있었다. 집중력을 높일 수 있는 좋은 방법이라고 생각한다.

의자 : 의자도 굉장히 중요하다. 보통 학교에서 쓰는 걸상 같은 나무의자보다는 듀오백 같은 의자가 좋다. 책상에 오래 앉아 있으면 엉덩이에 땀이 많이 차고 허리가 아프다. 그러다 보면 집중력이 저하되는 것은 당연한 현상이다. 그리고 의자에 항상 방석을 깔아 주는 것이 좋다. 이렇게 조금이라도 공부에 도움이 되는 환경을 만들어 주자.

조명 : 스탠드는 최대한 밝게 하는 것이 좋다. 스탠드뿐만 아니라 방 안의 불도 켜는 것이 좋다. 내가 아는 국사 선생님 중에 58세의 나이에도 시력이 1.8을 자랑하는 분이 계시다. 어떻게 그렇게 눈 관리를 잘했을까. 비법은 책을 볼 때 빛의 밝기에 신경을 쓴 것이다. 스탠

드도 켜고 방 안의 불도 켜서 눈이 최대한 덜 피곤하게 해야 좋은 시력을 유지할 수 있다. 요즘은 안경을 쓰는 아이들이 늘어 가는 추세다. 부모는 아이의 평생 시력에도 최대한 신경 써서 아이들이 공부를 더 잘할 수 있는 환경을 만들어 주어야 할 것이다.

2

텔레비전, 컴퓨터,
그리고 MP3

텔레비전 : 공부를 잘하는 아이들 집에 가보면 공통적인 특징이 있다. 바로 거실에 텔레비전이 없다는 것이다. 개인적으로 나 역시 텔레비전은 바보상자라고 생각한다. 토요일이나 일요일에 방송되는 예능 프로그램들은 대부분 아이들 교육에는 전혀 도움이 되지 않는다. 주말에 이런 프로그램을 시청하는 것은 월요일부터 정상적인 수업을 받아야 하는 학생들에게 피곤함만 더해 줄 뿐이다. 수업 시간에 조는 이유이기도 하다. 또 이런 프로그램에 중독되면 주말마다 시간을 뺏기게 된다.

내가 가르치는 아이들 중에도 텔레비전 앞에 앉아 예능 재방송 프로그램을 보면서 밥을 먹는 아이가 많다. 텔레비전은 조그마한 화면에 상당히 많은 양의 색깔을 처리하는 영상매체라 눈에 굉장히 좋지 않은 영향을 준다. 눈이 쉽게 피로해지는 것은 물론 많은 색깔과 조도를 수용하다 보면 스르르 졸음이 오게 된다.

거실에서 텔레비전을 없애는 것이 가장 좋은 방법일 것이다. 그렇게 하기 힘들다면 텔레비전을 안방으로 옮기는 것이 차선책이다. 무엇보다 부모 역시 텔레비전을 보지 않는 것이 가장 이상적이다. 내가 가르치는 어떤 집 아이의 어머니는 하루 종일 드라마를 보면서 아이에게는 방에 들어가서 공부하라고 요구하는데 이는 옳은 태도가 아니다.

컴퓨터 : 반대로 컴퓨터는 거실로 옮기는 것이 좋다. 집에서 동영상 강의를 듣는 학생이 점점 많아지고 있다. 이때 방 안에서 강의를 듣다 보면 대부분 공부보다는 딴짓을 하기 쉽다. 남자아이라면 게임을, 여자아이라면 쇼핑을 하거나 관심 분야 사이트에 접속해 시간을 낭비하기 일쑤다.

특히 게임은 유혹을 물리치기가 쉽지 않다. 더군다나 요즘 PC방들이 정액 요금제를 실시하다 보니 게임을 즐길 수 있는 환경이 더 좋아졌다. 남학생들은 아예 친구들을 만나는 장소로 PC방을 이용해 하루 종일 게임을 즐기기도 한다. 그런데 시간을 잡아먹히는 것 말고도 PC방은 환경이 정말 열악하다. 흡연실과 금연실을 제대로 갖추고 영업하는 곳이 드물어 아이들 건강에도 심각한 악영향을 준다.

일전에 가출한 아이를 찾으러 PC방에 갔다가 기절하는 줄 알았다. 금연실과 흡연실 사이에 칸막이 하나만 형식적으로 설치해 두어서 금연실인데도 담배 연기가 자욱했다. 5분 정도 있으려니 눈이 따갑

고 기침이 나오기 시작했다. PC방은 웬만하면 출입을 못하게 하고 집에서 동영상 강의를 듣는 경우에도 일정 시간 동안만 컴퓨터 앞에 앉아 있게 하자.

MP3 : MP3는 듣기평가 대비용으로 한 개 정도 있는 것이 좋다. 나는 아이들에게 배운 내용을 복습할 때 MP3를 켜놓고 녹음하게 한다. 그러면 숙제를 했는지 안 했는지를 정확하게 검사할 수 있다. 또 화면을 봐야 하는 동영상 강의보다는 MP3를 이용해 음성 강의를 듣는 것이 집중력을 높이는 데 더 효과적이다. 동영상 강의를 보는 이유가 판서 때문인데 요즘은 판서 내용만 모아 놓은 노트를 파는 사이트도 있다. 매우 바람직한 현상이라고 생각한다.

3

집, 사설 도서관, 그리고 공공 도서관에서 공부하기

공부하는 장소 역시 성적에 영향을 끼치므로 지금부터는 공부 장소에 대해서 소개하고자 한다. 평일에는 자율학습 때문에 집에 일찍 올 수 없지만 주말이나 공휴일이 되면 아이들이 공부할 수 있는 공간이 필요한 것이 사실이다.

집 : 첫 번째로 집에서 공부를 하면 일단 밖에 나가지 않아도 돼서 왔다 갔다 하는 시간을 절약할 수 있다. 또 예민한 사춘기에 외모에 신경을 쓰지 않고 편안한 복장으로 공부할 수 있어 좋다. 그런데 집에서 공부하면 집중력이 흐트러지기 마련이다. 몇 시간 정도는 열심히 할 수 있어도 옆에 사람이 없기 때문에 장시간 집중하기는 힘들다. 공부하다가 쉬고 싶을 때는 십중팔구 침대로 가서 드러눕게 된다. 책상에 엎드려 자면 20분 만에 일어날 것도 침대에서 자면 두세

시간은 금방 간다. 그리고 조금만 공부를 해도 오래 공부한 것 같은 착각을 하게 된다. 집이 편해서일 거다.

사설 도서관 : 두 번째, 사설 도서관에서 공부하는 것이다. 요즘 사설 도서관은 환경이 정말 좋다. 내가 아는 어떤 사설 도서관은 산소 발생기부터 소음을 줄이는 시스템까지도 갖추고 있어 공부에 집중할 수 있게 해준다. 책상은 칸막이로 구분되어 있고 사물함도 있어 굉장히 편리하다. 그러나 사설 도서관에 가보면 알겠지만 마치 굴속에 들어가 있는 기분이다. 일정한 공간에 책상을 10개 정도 놓다 보니 분위기가 어둡고 침침하다. 또 감시하는 사람도 없고 오직 혼자서 있다 보면 딴짓을 하기도 좋다. 그렇기 때문에 사설 도서관은 의지력이 약한 아이들한테는 맞지 않을 것이다.

공공 도서관 : 마지막 방법은 공공 도서관에서 공부하는 것이다. 개인적으로 나는 이곳이 아이들 공부하기에 가장 좋은 장소라고 생각한다. 공공 도서관도 다양하다. 그중 제일 좋은 곳은 대학 도서관이다. 물론 중·고등학생의 출입이 제한된 곳이 많지만 국립대학교 도서관은 출입이 가능하다. 또 구립 도서관도 괜찮다.

내가 학교 다닐 때에는 학교 바로 옆에 우리나라에서 가장 큰 공공 도서관인 정독도서관이 있었다. 나는 이곳에 꽤 오래 다녔다. 이런 도서관에는 성인들도 많이 오기 때문에 떠들거나 공부에 방해가 되는 행동을 하기가 쉽지 않다. 공부하다가 누워서 잠을 잘 수도 없다.

또 산책할 수 있는 공간이 있기 때문에 공부하다가 잠깐 바람을 쏘일 수도 있다. 단점이라면 사물함이 없어서 무거운 책을 들고 가야 하고 마음 맞는 친구들과 같이 가면 딴짓을 할 가능성이 있다는 것이다.

4

독서대, 깜빡이,
그리고 전자사전

독서대 : 나는 아이들이 시험을 잘 봤거나 목표했던 점수를 받았을 때, 그리고 저학년인 경우에는 생일이 돌아오면 독서대를 선물하곤 한다. 아이들은 하루 종일 책을 보면서 공부를 하기 때문에 사실 목에 굉장히 많은 스트레스를 받는다. 목 디스크 때문에 요가학원에 다니는 아이도 있을 정도다. 그만큼 몸의 특정한 부분을 계속해서 쓰다 보면 무리가 가서 집중력이 떨어지고 나중에는 공부를 하고 싶어도 할 수 없는 지경에 이르게 된다.

독서대는 나무로 된 책을 받치는 도구로, 독서대를 쓰면 아이들이 공부하는 눈높이에 책을 올려놓을 수 있어 집중력 유지에 도움이 된다. 그리고 노트 필기를 할 때도 고개를 이리저리 돌려 가며 책을 보지 않아도 되어서 주의가 덜 산만하다. 나는 학교 책상에도 독서대를 놓아 주어야 한다고 생각한다. 요즘에는 내가 학교 다닐 때와 다르게 좋은 독서대가 많다. 우리 때는 독서대가 플라스틱으로 되어 있어서 두꺼운 책을 올려놓으면 뒤로 자빠지곤 했는데 요즘은 나무로 된 튼튼한 것들이 많다. 또 이단 독서대도 있고 책 두 권을 올려놓을 수 있는 긴 독서대도 있으니 아이가 원하는 것으로 사주도록 하자.

깜빡이 : 다음으로는 깜빡이에 대해 한 말씀 드리고 싶다. 영어 단어를 잘 외우는 아이라면 사실 깜빡이는 필요 없다. 깜빡이는 단어 암기가 힘든 아이들을 위해 나온 제품인데 사실 이 도구를 이용해서라도 단어를 외울 필요가 있다. 그러나 그냥 눈으로 외우거나 손으로 쓰면서 단어를 외울 때보다 더 효과적인지는 잘 모르겠다.

아이들에게 단어 암기 숙제를 내주는데, 단어 때문에 말로 할 수 없는 일들을 겪다 보니 일부 학생들 수업 시간에는 깜빡이를 사용하고 있다. 깜빡이를 사용하면 짧은 시간에 많은 단어를 외울 수 있다. 그러나 스펠링에 취약해진다. 하지만 이렇게라도 단어를 자꾸 암기해야 한다. 단어는 6개월은 해야 효과가 나타난다. 그렇기 때문에 시간도 많이 걸리고 매일 외워야 하는 부담감도 있다.

전자사전 : 마지막으로 전자사전도 집에 한 개쯤은 있어야 한다. 요즘에는 문제집이 워낙 잘 나와서 해답 부분에 단어 정리가 다 되어 있지만 그 부분에 정리가 되어 있지 않은 단어는 찾아서 암기하는 방법밖에 없다. 보편적으로 전자사전에는 동영상 기능이 있는데 사전 기능만 있는 것을 사주는 것이 좋다. 아이들이 공부를 하지 않고 동

영상을 넣어 다니면서 만화를 보거나 하는 경우가 많기 때문이다.

　나 역시 8년 전쯤에 구입한 흑백 전자사전을 지금도 쓰고 있다. 사전 기능밖에 없지만 단 한 번도 불편함을 느낀 적이 없다. 필요한 단어를 찾으면 거의 다 찾아졌던 것 같다.

항상 학습법 관련 책을
책상 옆에 놓아두자

요즘은 대부분의 아이들이 학원을 다니거나 과외를 받고 있다. 학원을 많이 다니는 아이들은 6~7개도 다닌다. 이렇게 많은 학원에 아이들을 보내는 부모는 아이 혼자서 공부할 수 있는 환경을 만들어 주는 데에는 소홀한 대신 괜찮은 학원 찾기에만 열중하기 쉽다.

그러나 학원을 많이 다니는 학생은 중·고등학교 때까지는 웬만큼 공부를 할 수 있어도 대학에 들어가서는 상당히 애를 먹는다. 대학 교육이나 사회에 나와 치르는 각종 시험은 학원을 많이 다녀서는 좋은 성적을 내기 힘들다. 또 좋은 점수를 받을 수 있다고 하더라도 아이들은 혼자 공부해 본 적이 없기 때문에 굉장히 힘들어하게 된다.

공부하는 방법은 가지각색이다. 그러나 무조건 '열심히 하면 되겠지'라는 말처럼 무책임한 말도 없다. 열심히 하는 것이 중요하다면, 공부 방법은 그보다 몇 배는 더 중요하다. 어떤 아이는 자기 공부 방법에 대해 고민하고 시험을 보고 나면 자신이 왜 성적이 안 나왔는지를 반성하며 공부 방법을 바꾸려고 노력한다. 하지만 대부분은 그렇지 않을 것이다. 사실 이 부분에 대해서 부모가 신경을 쓰고 무엇이 잘못되었는지 아이에게 알려 주어야 함에도 그냥 열심히만을 강요하고 있는 듯하다.

우선 우등생의 공부 방법이나 노트 필기법 책을 여러 권 사서 아이 방에 놓아두자. 아이가 당장은 그 책의 중요성을 인식하지 못하더라도 공부를 하는 짬짬이 머리를 식히면서 보게 될 것이다. 우등생의 공부법을 따라 하는 것은 우등생이 될 수 있는 가장 빠르고 효과적인 방법이다.

공부를 잘하는 아이들은 요령 있게 공부한다. 시험에 잘 나오는 부분만을 집중적으로 암기한다. 그리고 그런 부분이 잘 외워지지 않으면 노트에 별도로 정리하여 암기하고 문제집은 고작 한두 권만 본다. 대신 남는 시간을 교과서 보는 데 쓴다. 항상 한 시간에 몇 페이지를 읽었는지, 오늘 공부한 양은 어느 정도인지를 체크하고 교과서의 어떤 부분이 부족한지를 기억했다가 그 부분을 노트에 정리한다.

따라서 이런 우등생의 공부법이 들어 있는 책을 사서 아이에게 자꾸 읽혀야 한다. 그리고 이런 책을 읽은 아이가 성적이 오르는 경험을 하게 되면 부모가 공부법에 대해 별도로 이야기하지 않아도 아이 스스로 관심을 갖고 찾아 읽게 될 것이다.

6

통학 시간을 줄여 주자

아이들은 대부분의 시간을 학교나 학원에서 보낸다. 내가 과외를 하는 집 아이들은 대부분 아파트에 사는데 아이들은 등하교 시 봉고차를 이용한다. 그러나 봉고차를 이용해 등하교한다고 하더라도 학교까지의 거리가 멀면 상당한 시간을 차 안에서 허비할 수밖에 없다. 이것은 곧 체력 소비를 의미하며, 공부를 효율적으로 할 수 없는 원인이 된다.

또 봉고차를 이용하지 않는 아이들은 버스나 지하철 같은 대중교통 수단을 이용하는데 아침 등교 시간에 버스나 지하철은 언제나 만원이다. 지방은 배차 간격도 길어서 정류장에서 버스를 기다리면서 몇 십 분을 버려야 한다. 야간 자율학습이 끝나는 밤 10시 무렵이면 막차를 타기 위해 수업이 끝나자마자 달려 나와야 한다.

아이들이 등하교에 버리는 시간이 30분을 넘으면 문제가 있다. 아버지 직장 문제로 집을 옮겨 학교까지 1시간 30분 정도 걸리는 아이도 있었는데 이런 아이는 공부에 전념할 수가 없다.

예전에 가르쳤던 중학교 3학년 아이의 집은 학교까지 불과 1분 거리였다. 아파트 뒷문에 학교가 있어서 횡단보도 하나만 건너면 등교가 가능했다. 아이들이 공부에 더 집중할 수 있는 환경이 갖춰진 것이다.

아이들을 학교로 태우러 가는 부모도 많지만 가뜩이나 운동량이 적은 아이들을 수업이 끝나자마자 바로 차에 태우고 이동하는 것은 좋지 않다. 몇 십 분 걸으며 체력을 유지할 수 있는 기회를 빼앗는 것이기 때문이다. 또 내가 아이들에게 엄마가 태우러 오는 것에 대해 어떻게 생각하느냐고 물어보면 대부분 좋아하지 않는다고 말했다. 여러 가지 이유가 있겠지만 수업이 끝난 후 일주일에 하루 이틀은 친구들과 운동장에서 뛰어 놀고 싶어서일 것이다.

아이들 학교 가까운 곳으로 집을 옮길 여건이 안 되더라도 최소한 걸어서 20~30분 거리에는 사는 것이 좋다. 아이들의 통학 스트레스도 줄이고 불필요한 시간 낭비도 없앨 수 있기 때문이다.

나 역시 학창 시절에 학교 뒷산에 있는 길로 30분 정도를 걸어 다녔다. 그 시간 동안 영어 단어를 외우거나 시험 기간에는 모의고사 본문과 교과서 본문을 외웠다. 공부는 항상 책상 앞에 앉아서 해야 한다고 생각하기 쉬운데 이렇게 등하교 시간을 이용해도 상당한 양의 공부를 할 수 있었다. 이 시간을 허비하는 아이들에 비하면 남모르게 실력을 쌓을 수 있는 좋은 시간이다. 또 걷기로 체력을 유지할 수 있어서 일석이조의 효과를 볼 수 있다.

7

쓰면서 공부할 수 있는
환경을 만들어 주자

공부는 암기다. 암기를 잘하는 아이가 공부를 잘한다. 시험 문제는 거의 대부분 헷갈린다. 왜냐하면 출제위원들이 그런 부분만 골라서 문제를 냈기 때문이다. 그러므로 정확하게 암기하는 것이 중요하다.

암기를 하는 방법은 여러 가지가 있지만 나는 아이들에게 쓰면서 암기하는 방법을 권한다. 쓰면서 암기하는 것과 눈으로 암기하는 것은 각각 장단점이 있다.

손으로 쓰면서 암기를 하면 일단 눈으로 암기를 할 때보다 세 배 정도 속도가 떨어진다. 어떤 내용을 눈으로 암기하면 5분 걸릴 것을 쓰면서 암기하면 15분이 걸린다. 그러나 효과 면에서는 쓰면서 암기하는 것이 훨씬 낫다. 왜냐하면 쓰면서 암기하면 한 문장을 외울 때 그 부분을 조각내서 여러 번 읽게 되기 때문이다. 이렇게 하면 동일한 문장을 눈으로 암기할 때 네다섯 번 볼 것을 열 번은 보게 된다. 머릿속에 오랫동안 기억되는 것은 훨씬 더 오래 기억할 수 있다.

바다에서 구조된 남자가 기억상실증에 걸려 자신의 이름은 물론이고 사는 곳도 전혀 기억하지 못했지만 어려운 악보를 보더니 피아노를 능숙하게 연주하던 영화의 한 장면이 떠오른다. 이것은 머리가 기억하지 못하는 것까지 손은 기억하고 있다는 사실을 말해 준다. 사실 이 남자는 기억상실증에 걸리기 전 유명한 피아니스트였다.

그러니 평소에도 반드시 쓰면서 공부할 수 있는 환경을 만들어 주자. 비록 시간은 오래 걸릴지 모르지만 장기 기억력을 사용해야 하는 아이들에게는 이것이 더 나은 방법이다. 다만 시험 때가 다가오면 2주 전부터는 눈으로 공부할 필요가 있다. 시험 기간에는 많은 양을 봐야 하기 때문에 책을 넘기는 속도도 상당히 중요하다. 수능 때라면 시험 약 두 달 전부터는 눈으로 공부하며 읽은 내용을 상기시킬 필요가 있다.

이 밖에도 쓰면서 공부하면 좋은 점이 또 있다. 내가 가르쳤던 아이들 중에는 쓰면서 공부하는 아이들일수록 성격이 차분하고 책을 대충대충 보지 않았다. 혼자서 능동적으로 노트 필기하는 습관도 돼 있었고 필기도구의 중요성도 잘 알고 있었다.

쓰면서 공부를 하기 위해서는 앞에서 설명한 독서대가 필수다. 학부모들은 독서대를 사서 아이 책상에 놓아 주기 바란다.

또 필기도구도 중요하다. 하루에도 엄청난 양을 노트에 정리해야 하기 때문에 좋은 펜을 고르는 것이 중요하다. 어떤 펜은 조금만 써도 손이 아프다. 제일 좋은 펜은 만년필이지만 상당히 고가인 데다 무엇보다 잉크를 넣어 써야 하는 불편함이 있다. 가까운 문구점에 가서 부드러우면서 심이 굵은 펜을 여러 자루 사주는 것이 좋을 것이다.

8

휴식시간에는 미드로
듣기에 대비하게 하자

10년 동안 전 세계 여러 나라에 방영된 유명한 미드(미국드라마)로 〈프렌즈〉가 있다. 나는 대학 다닐 때 이 드라마를 처음 봤는데 그 후 지금까지 가르치는 아이들에게 심심할 때 보게 한다. 한 편당 20분 정도 되는 시트콤인데 영어 듣기 공부에 효과적이다. 미국의 생활방식을 배울 수 있는 효과도 있다. 무엇보다 대화 내용이 쉽다. 특히 여자아이들이 좋아했는데 〈프렌즈〉를 여러 번 보고 듣기 실력이 상당히 좋아진 아이들이 많았다.

처음 〈프렌즈〉를 볼 때는 영어 자막과 한글 자막을 함께 보고 그 이후부터는 영어 자막만으로 시청하는 게 좋다. 그리고 어느 정도 지나면 자막을 없애고 본다. 처음부터 자막을 없애면 무슨 말인지 알아듣지 못해 흥미가 떨어질 수 있기 때문에 반드시 처음에는 자막을 보는 게 좋다.

<프렌즈>는 다루는 내용이 가볍기 때문에 휴식시간을 이용해 시청하면 스트레스도 풀 수 있다. 저학년인 경우는 스피킹 공부에도 도움이 된다. 사실 대학생들이 영어회화 공부의 한 방법으로 이용하고 있을 만큼 효과적이다.

다만 한 번에 너무 많은 내용을 보는 것은 좋지 않으니 유의하는 게 좋다.

4장

우리 아이 이렇게 키우면 공부 잘할 수 있다

무의식적으로 형성된 습관은 아이들의 삶에 중요한 영향을 미친다. 어렸을 때부터 공부를 잘할 수 있는 방법과 습관이 체화된 아이들은 좋은 대학에 들어가고 사회에서 성공할 수 있는 밑거름이 그만큼 풍부한 것이다.

지금부터 소개하는 내용을 읽다 보면 우등생들이 공부를 잘하게 된 배경에 대해 이해할 수 있을 것이다.

1

성실한 아이보다
얍삽한 아이로 키우자

"공부를 잘하려면 어떻게 해야 할까?"

이 질문에 대부분의 아이들이 이렇게 말한다.

"열심히 해야 돼요."

"실력이 없으면 안 돼요."

"착실하게 학교 수업을 따라 가야 돼요."

그러나 이것은 모두 틀린 말이다. 공부를 못하는 아이들도 열심히는 한다. 다만 차이는 공부를 잘하는 아이들은 성실하게 공부하기보다 얍삽하게 한다는 것이다. 즉 시험에 나올 내용만 집중적으로 외우고 시험에 나오지 않을 내용은 아예 보지도 않는다. 반대로 성실한데 점수가 나오지 않는 아이들은 노력만 했지 점수는 신경을 쓰지 않고 공부한 것이다.

우리나라는 고3 수험생의 70퍼센트가 대학을 간다. 이 지구상에 이런 나라는 없다. 따라서 요즘 시험은 아이들을 대학에 붙이고자 하는 시험이 아니라 어떻게 하면 아이들을 떨어뜨릴 수 있을까 하는 시험으로 바뀌고 있다. 많은 아이들에게 등수를 매겨야 하기 때문에 어쩔 수 없다.

사실 시험으로 평가를 제대로 하기 위해서는 객관식, 주관식, 준주관식처럼 다양한 방법으로 학생들의 수준을 평가해야 하지만 우리나라는 오직 객관식 시험으로만 평가를 하고 있다. 객관식 시험을 잘 본다고 해서 공부를 잘하는 것도 아닌데 말이다. 그렇다고 교육부의 정책을 따르지 않을 방법은 없다.

이 말은 오직 객관식 시험에서 점수를 잘 받는 아이로만 교육시키면 된다는 얘기다. 교과서에서 시험에 나올 수 있는 부분을 잘 선별하면 되는데, 이건 기출문제집이 해줄 수 있다. 기출문제의 모든 부분을 선별해서 그 부분을 교과서에 표시하고 집중적으로 암기한 후 문제집을 한두 권 달달 외우는 것이 최선의 방법이다.

아이가 혼자서 공부하는 요령이 없다면 기출문제집을 그런 식으로 정리하고 가르치는 강사나 선생님의 도움을 받는 것이 좋다. 그렇지 않고 남들이 듣는다고 도움도 안 되는 학원 강의를 듣는다거나 20년 동안 한 번도 출제되지 않은 부분을 외우고 있는 것은 시간 낭비일 뿐이다. 기출문제를 통해 시간을 최대한 절약하고 기출문제를 표시한 교과서를 집중적으로 암기하고 학습하는 방법이 가장 좋다.

또한 과정보다는 결과를 중시하는 아이로 키웠으면 좋겠다. 경쟁 사회다. 남을 이기지 않으면 내가 앞으로 나갈 수 없다. 성실하기보

다 얍삽하게 공부해서 스트레스를 최소화하고 고득점을 얻을 수 있
는 아이로 키우도록 하자.

2

이해보다는 암기를
잘하는 아이로 키우자

"이해가 고차원적인 것이니, 아니면 암기가 더 고차원적인 것이니?"

이렇게 물어보면 대부분의 아이들은 '이해'라고 대답한다. 이해가 훨씬 어렵고 공부를 잘하는 아이들은 이해 위주로 학습한다는 것이 이유다.

그러나 이것 역시 틀린 말이다. 공부를 잘하는 아이들은 이해에서 끝나는 것이 아니라 암기를 엄청나게 많이 한다. 내가 만약 공부를 못한다고 해보자. 나보다 공부를 잘하는 아이들은 내가 외우고 있는 내용은 전부 다 외우고 있다고 보면 된다. 반대로 나보다 공부를 못하는 아이들은 내가 외우고 있는 내용을 외우지 못하는 것이다.

사실 수학 역시 암기 과목이다. 이 책을 읽고 계신 부모님 중에는 이 말을 이해하지 못하는 분도 계시겠지만 우리는 그 자리에서 공식을 만들어서 풀어내는 피타고라스가 아니다. 그런 천재적인 두뇌의 소유자는 드물 것이다. 비슷한 문제를 봤기 때문에 그 문제를 풀어 낼 수 있는 것이지 처음 보는 문제는 절대 풀 수 없다.

시험 문제를 몇 십 년간 출제해 온 출제위원들은 학생들이 암기하기 힘든 부분을 아주 잘 알고 있다. 그래서 그런 부분만 집중적으로 출제한다. 아이들은 출제위원들의 손바닥 위에서 놀아나는 것이다. 따라서 어떻게 하면 짧은 기간에 정확하게 암기할 수 있느냐가 관건이다.

또 어떤 과목이든 암기할 내용이 나오면 노트에 별도로 정리하는 것이 필요하다. 이 세상에 존재하는 모든 책에는 이해할 것과 암기할 것이 섞여 있는데 아무 생각 없이 공부를 했다가는 시험장에서 이해해서 풀어야 할 문제를 암기로 풀려고 한다거나 암기해서 풀어야 할 문제를 이해해서 풀려고 하는 실수를 범할 수 있다.

실제로 공부를 많이 하고도 시험만 봤다 하면 60~70점을 맞는 아이들도 많다. 이런 아이들은 대개 학원, 과외 등 각종 수업을 많이 받아서 들은 것은 많은데, 암기가 부족해 정확하게 답을 고르지 못하는 것이다.

우등생일수록 배운 내용은 처음부터 암기를 하려는 마음가짐을 갖는다. 노트에 내용을 별도로 정리해서 빠르고 쉽게 외우려고 노력하고 또 시간이 지나 머릿속에서 잊힐 만하면 다시 노트를 꺼내 반복해서 본다. 그러니 어렵고 헷갈리는 문제가 나와도 거의 실수하지 않고 맞히는 것이다.

아이가 싫어하더라도
해야만 하는 공부를 시키자

많은 아이를 가르쳐 본 결과 아이들은 자기가 원하는 공부만 하려는 경향이 있었다. 영어를 예로 들면, 문법, 독해, 단어, 듣기 등 여러 분야가 있어 다른 과목에 비해 서너 배의 노력을 기울여야 한다. 그런데 아이들은 독해와 듣기 위주의 공부를 하기 원한다.

그러나 이것은 도움이 되지 않는다. 아이가 원하는 공부는 암기보다는 즉흥적으로 이해하고 답을 골라낼 수 있는 것들이다. 문법처럼 딱딱한 내용은 벌써 졸음이 몰려오고 하기 싫은 티가 역력하다.

이 세상에 나쁜 아이는 없다. 올바르지 못한 길로 인도하는 부모와 선생님만이 있을 뿐이다. 아이가 싫어해도 꼭 해야만 하는 것들이 있다. 그런 것들을 시키길 바란다.

우등생은 열등생보다 하기 싫은 것들을 더 잘 외우고 이해하고 있다. 그러니 점수 차이는 계속해서 벌어질 수밖에 없다. 공부하는 시

간이 즐겁지 않고 부담스럽고 고통스러워야 실력이 쌓이고 점수가
올라가는 법이다.

동일한 시간을 공부하더라도 하기 싫은 공부를 하면 체력 소비도
엄청나다. 사고하는 과정이 더 복잡해지기 때문에 심하게 졸리고 피
곤해진다. 그런 공부를 아이에게 강요할 수 없는 학부모라면 그렇게
해줄 수 있는 선생님을 만나게 하는 수밖에 없다. 선생님에게 우리
아이의 부족한 부분을 명확하게 말씀하시고 그 부족한 점을 채워 줄
수 있도록 부탁할 필요가 있다.

4

학원이나 과외를 끊고
혼자 공부할 수 있게 하자

공부는 혼자 하는 것이다. 어렸을 때부터 혼자서 공부하는 습관을 길러야 사회에 나가 고시나 공무원 시험 같은 공부를 할 때에도 도움이 된다. 학원이나 과외에 의존하는 아이들은 평생 혼자서 공부를 해본 적이 없기 때문에 누가 도와주지 않으면 애를 먹게 된다.

교과서와 문제집만 있으면 독서실에서 하루 동안 공부할 양을 미리 정하고 요령껏 공부할 수 있다. 그 전에 부모가 먼저 아이가 혼자 학습할 수 있는 책이 무엇이고 이를 통해 아이의 부족한 부분이 얼마만큼 향상될 수 있을지를 알아야 한다. 부모는 아이에게 나침반 역할을 할 수 있어야 한다.

내가 가르쳐 본 아이들은 혼자서 학습하는 아이들이 열 명 중 두세 명밖에 되지 않았다. 이런 아이들은 공부에 대한 나름대로의 철학이 있고 공부법에도 상당히 관심이 많아 내가 조금만 도와줘도 성적이 향상되었다.

　나는 집안 형편이 어려워서 학원을 다녀 본 적이 없다. 그러나 오히려 이것이 공부 방법론을 정립할 수 있는 계기가 되었다. 아이가 공부법을 모른다면 혼자 공부한 선배들이 쓴 책을 참고하게 하자. 이런 책으로 아이들의 자신감을 높여 주고 좋은 교육법 관련 프로그램에 아이와 함께 참여함으로써 아이 스스로 학습할 수 있는 힘을 길러 주도록 하자.

5
어려서부터 책을 많이 읽히자

　공부를 잘하는 아이들은 특징이 있다. 바로 독서량이 엄청나다는 것이다. 독서를 많이 하게 되면 사고력이 좋아지는데 이 사고력은 모든 과목에 영향을 미친다. 독서는 이해력도 높이고 머리 회전도 빨라지게 하는 원동력이다.

　만화책부터 역사소설, 일반상식 책 등을 두루 읽힐 필요가 있다. 너무 어려운 책을 읽힐 필요는 없다. 오히려 책에 흥미를 잃고 멀리 할 수 있으므로 아이가 좋아하고 흥미 있는 분야의 책을 사주는 것이 좋다.

　수업을 하러 아이들 집에 가보면 우등생일수록 책꽂이에 책이 많이 꽂혀 있다. 또 텔레비전이 없는 집 아이들의 실력이 좋다. 부모님께서는 집에서 텔레비전을 안 보는 것이 좋고 보더라도 거실에서 텔레비전을 없애고 방 안에서 보도록 하자. 텔레비전으로 가던 눈이 자연스레 책으로 돌려지게 할 수 있는 방법이다. 대학에서도 논술시험을 많이 요구하는데, 이때에도 독서력의 중요성은 두말할 나위가 없다.

부모님께서는 어렸을 때 학원이나 과외를 하나라도 더 시키려고 하지 말고 독서를 잘하는 아이로 키우려고 해야 한다. 독서캠프 등을 통해 아이의 사고력을 향상시킬 필요가 있다.

읽은 책의 내용을 바탕으로 독후감을 쓰게 하거나 글짓기를 시킨다면 효과는 배가될 것이다. 내가 아는 어떤 아이는 이제 일곱 살인데도 밖에서 뛰어놀거나 텔레비전을 보는 대신 많은 양의 책을 섭렵하고 있다. 이 아이에게 독해를 시켜 보면 중학교 교재에 나오는 문장도 곧잘 해석한다. 이는 독서의 중요성을 방증하는 사례라고 할 수 있다.

6

노트 정리를 시키고
연필 잡는 법도 가르치자

아이들을 가르치면서 놀랄 때가 많다. 바로 아이들이 글씨를 거의 써본 적이 없어서 펜 잡는 법도 모르고 노트 정리하는 것조차도 안 되는 경우가 많기 때문이다. 한두 아이만의 특징이 아니라 대부분의 아이가 그렇다.

노트 정리는 기본 중의 기본이다. 두꺼운 책을 매번 넘기면서 보는 것은 비효율적이고 책의 내용 가운데 암기할 부분을 효과적으로 외우는 데도 도움이 안 된다. 학교에서 선생님이 하는 판서를 받아 적는 그런 수동적인 정리가 아니라 자기가 공부한 내용은 능동적으로 노트 필기하는 습관이 필요하다. 서점에 가면 우등생들의 노트 필기 습관 같은 걸 모아 놓은 책도 있다.

또 펜을 잡는 방법도 문제다. 네이버에 검색해 보면 볼펜 잡는 방법이 아주 자세하게 나와 있다. 부모님께서 조금만 관심을 가진다면 이런 것들을 출력해서 아이 책상에 붙여 놓고 펜 잡는 법의 중요성을 인식시킬 수 있다. 펜을 대충대충 잡게 되면 조금만 글씨를 써도 손이 아프고 글씨체도 좋지 않게 된다. 글씨는 사람의 얼굴이다.

나 역시 악필이라 글씨체를 교정하기 위해 많은 노력을 했다. 필기체 교본을 세 권 정도 사서 참조했는데, 많은 효과를 봤다. 교본을 사서 매일 조금씩 쓰도록 숙제를 내주는 것도 좋은 방법이다. 빨리 쓰면서도 글씨체가 예쁜 것이 좋다.

글씨를 차분히 잘 쓰는 아이들은 그만큼 집중력도 좋다. 그러나 글씨를 대충대충 쓰는 아이들은 글씨가 날아가기 일쑤고 자기가 쓴 글씨도 알아보지 못하는 경우가 있다.

7

경제적 여건만 허락한다면
어학연수를 보내자

영어권 국가로의 어학연수를 말한다. 영어가 대입 수능이나 학교 내신과 관련하여 점점 더 비중이 높아지고 있다. 실제로 내가 가르쳤던 수험생 중 상당수는 캐나다, 미국, 호주 등으로 어학연수를 다녀온 경험이 있었다. 초등학교 때까지는 경제적인 여건만 허락한다면 한두 달이라도 어학연수를 보내는 것이 영어 실력에 상당한 도움이 된다.

일단 어학연수를 갔다 온 아이들은 영어를 무서워하지 않는다. 어려운 문장을 제시해도 비록 해석은 틀릴지라도 두려움이 없다. 또 듣기 비중이 앞으로도 계속 높아질 것이므로 이 과정은 반드시 필요한 절차가 되고 있다.

2개월 코스의 어학연수를 두 번 다녀온 한 아이는 듣기 실력이 대단히 좋았다. 고3 수준의 문제집도 80퍼센트 정도는 맞혔다. 발음도 좋고 전체적으로 어학연수를 갔다 오지 않은 아이보다 훨씬 뛰어났다.

어학연수가 부담이 된다면 하루에 10분 정도 하는 전화영어도 괜찮다. 전화영어는 원어민과 짧은 시간 동안 대화하는 거지만 이걸 이용하는 아이들도 영어에 대한 두려움이 없는 경우가 많았다.

이마저도 경제적 사정 때문에 힘들다면 스카이프를 인터넷으로 다운받아 대화를 시도해 보는 게 좋다. 물론 다음 카페 같은 곳에서 대화 상대를 찾아야겠지만 아주 저렴해서 경제적인 부담이 없다.

나 역시 호주에 있을 때 이 스카이프를 통해 스피킹 연습을 했다. 영국에 사는 학생과 4개월 정도 꾸준히 아침 10시부터 11시 30분까지 대화를 했는데 영어 실력에 많은 도움이 되었다.

어학연수나 전화영어는 단순히 듣기 실력에만 도움이 되는 것이 아니라 평생 동안 영어를 대하면서 살아가는 데 중대한 영향을 미친다. 무엇보다 영어를 싫어하는 아이에게 동기부여를 할 수 있는 좋은 계기라고 생각한다.

8

체력 관리와 공부의
상관관계를 이해하자

"선생님, 저희 반에 동호라는 아이가 있는데요. 반에서 2, 3등 하고 운동도 엄청 잘해요. 체력장도 그렇고 축구도 잘해서 인기가 완전 짱이에요."

어느 날 수업을 하는데 한 아이가 이렇게 말했다.

아이 말대로 공부를 잘하는 아이들이 체력도 좋다. 집중해서 공부할 때 우리 몸은 엄청난 양의 에너지를 발산하기 때문에 쉽게 피로해지고 면역력이 떨어진다. 또 시험 때가 다가오면 짧은 기간에 성적을 높이기 위해 밤을 새워야 할 때도 있기 때문에 몸이 상하기 쉽고 심신이 지친다.

나 역시 한창 공부할 때는 먹고 돌아서면 배가 고팠다. 그래서 한 끼 식사를 하면서 학교 식당에서 햄버거 세 개에 수프를 몇 번씩 가져다 먹었다. 그래도 두 시간 정도 공부하면 또 배가 고팠다.

공부를 하는 것은 운동선수가 운동하는 것과 다르지 않다. 운동선수들은 육체적으로 단련된 체력을 쓰지만 공부하는 학생 역시 정신적으로 동일한 양의 에너지를 쓴다고 생각하면 된다.

항상 책상 앞에 앉아 있다고 좋은 점수를 받는 것은 아니다. 남학생이라면 옥외 활동을 통해 친구들과 어울려 운동을 하고 여학생이라면 헬스장을 다녀서 건강관리를 하는 것이 성적 향상에도 도움이 된다.

휴식의 주기를 인식시키자

공부는 휴식을 취하지 않고는 절대로 잘할 수 없다. 인간이 쏟을 수 있는 정력과 노력에는 한계가 있기 때문이다. 휴식을 취하는 방법은 두 가지가 있을 수 있다. 일주일 중 6일을 공부하고 하루를 완전히 쉬는 방법과 3일 반을 공부하고 반나절 쉬고 또 3일 반을 공부하고 반나절을 쉬는 방법이다.

개인적으로는 나는 후자가 훨씬 더 효과적이라고 생각한다. 요즈음 아이들은 보충수업에 학원까지 여러 개 다니기 때문에 스트레스가 상상을 초월한다. 이때 휴식 주기를 일정하게 유지하여 스트레스를 풀어 주는 것이 많은 도움이 된다.

스트레스를 푸는 방식도 여러 가지가 있는데 쉬는 것과 노는 것을 반드시 구별할 필요가 있다. 논다는 것은 중독성이 있는 것들을 하면서 시간을 보내는 것을 말한다. 예를 들어 집에서 컴퓨터 게임을 하는 것은 노는 것이다. 왜? 컴퓨터 게임은 끝나도 계속 하고 싶기 때문이다. 텔레비전도 마찬가지다. 다큐멘터리나 뉴스는 괜찮지만 〈1박2일〉 같은 오락 프로그램은 중독성이 있어 매주 일요일만 되면 보게 만든다. 차라리 그 시간을 영화관에서 영화를 보는 것이 훨씬 좋다. 영화는 1시간 30분 정도면 끝나기 때문에 중독성도 없고 짧은 시간에 스트레스를 풀어 주는 좋은 방법이라고 생각한다.

5장

아이들을 위한 아주 특별한 영어 공부 노하우

이번 장은 학생들을 위해 구체적으로 어떻게 공부를 해야 성적이 향상되는지에 대해서 자세하게 적어 놓았다. 실제로 과외를 하면서 많은 아이들에게 이 방법을 적용해 봤는데 성적이 향상되는 효과가 있었다. 이는 다년간 공부하면서, 또 학생들을 가르치면서 터득한 나만의 노하우다. 열심히 공부는 하지만 성적이 오르지 않는 아이들을 보면 안타깝다. 그런 아이들이 이 노하우를 적용해 자신의 꿈을 이뤘으면 하는 마음이 간절하다.

단어장으로 효과적으로 암기하는 방법, 암기노트 작성 요령, 영어 듣기를 잘할 수 있는 방법, 그리고 어려운 지문을 짧은 시간 안에 풀 수 있는 방법 등을 공개한다.

단어를 잘 못 외우는 학생에게

다음 페이지의 영어 단어장은 실제로 내가 학창 시절에 사용했던 것이다. 나 역시 학창 시절에 단어를 어떻게 하면 효과적으로 외울 수 있을까 고민을 많이 했다. 그 고민 끝에 스스로 창안한 방법이다. 실제로 아이들에게도 이 방법을 적용해 많은 효과를 이끌어 냈다.

학창 시절의 친구들이나 지금 가르치는 제자들 중에는 아무 생각 없이 처음부터 끝까지 단어장을 쭉 보고 또 처음부터 끝까지 쭉 보는 과정을 반복해서 단어와 숙어를 외우는 경우가 많다. 그러나 이것은 매우 비효율적인 방법이다.

내 경우는 단어를 외울 때 일단 모르는 단어와 아는 단어를 수성펜으로 구분한다. 사람은 한 번에 두 가지 일을 할 수 없기 때문에 모르는 단어와 아는 단어를 구분할 때는 외우지 말고 구분만 하는 것이 좋다.

단어장에서 보는 바와 같이 색깔 있는 펜으로 처음부터 몰랐던 단어 앞에 점을 찍는다. 이렇게 모르는 단어를 표시하고 난 다음에는 그 색깔로 표시된 곳만 따라가면서 외우면 되기 때문에 훨씬 시간이 절약된다. 간혹 색깔이 칠해져 있지 않는 단어가 갑자기 시험장에서 생각나지 않으면 어떻게 하냐고 반문하는 학생도 있을 수 있지만 연습할 때 생각난 단어는 시험장에서도 100퍼센트 생각난다.

단어 Quiz   제(1)회   명사~

#	단어	뜻	#	단어	뜻
1	culture	문화, 교양	26	rein	고삐
2	experience	경험	27	solution	해결, 용해
3	education	교육	28	honor	명예, 경의 /존경하다
4	symbol	상징	29	unity	통일, 일치
5	effect	결과, 영향, 효과	30	population	인구
6	liberty	자유(=freedom)	31	direction	방향, 지시
7	affair	사건, 일	32	dialog(ue)	대화
8	comfort	안락, 위안	33	republic	공화국
9	tradition	전통, 전설	34	method	방법
10	subject	학과, 주제, 주어	35	increase	증가 /증가하다
11	object	사물, 목적/ 반대하다	36	decrease	감소 /감소하다
12	source	출처, 근원	37	amount	양, 액수, 총계
13	revolution	혁명	38	ancestor	조상, 선조
14	pollution	오염	39	voyage	항해
15	system	조직, 체계, 제도	40	sculpture	조각(품)
16	triumph	승리(=victory)	41	instrument	기구
17	respect	존경/존경하다	42	figure	모습, 인물, 숫자
18	communication	전달, 교통	43	activity	활동
19	foundation	기초	44	cause	원인, 이유/야기하다
20	glory	영광	45	worth	가치/~의 가치가 있는
21	situation	위치, 사태	46	accident	사고, 뜻밖의 사건
22	competition	경쟁	47	adventure	모험
23	prairie	대초원	48	view	경치, 의견, 목적
24	effort	노력	49	relative	친척/관계가 있는, 상대적인
25	section	부분(part), 구역	50	superstition	미신

표시해 둔 단어만 몇 번을 외우고 난 후에는 다시 그중 외워지지 않는 단어를 다른 색 펜으로 표시한다. 이 작업이 끝나면 그다음 외울 때는 이 색으로 칠해 놓은 부분만 따라가면 된다.

이와 같은 방법으로 단어·숙어를 외우면 정말 빠른 시간 안에 외울 수 있고, 시험이 다가오면 단어장 하나를 30분 만에 다 볼 수 있다.

2

암기를 잘 못하는 학생에게

영어는 암기 과목이다. 그래서 영어가 어려운 것인지도 모르겠다. 많은 학생이 어떻게 이 많은 문법을 다 외우느냐고 질문하는 이유일 것이다.

그러나 사고방식을 조금만 바꾸면 영어가 가장 쉬운 과목이 될 수도 있다. 영어가 암기 과목이라고 하는데, 암기할 부분을 가장 빠르고 정확하게만 외운다면 남들보다 공부를 더 잘할 수 있게 되지 않겠는가.

그렇다면 암기할 부분을 쉽고 빠르게 외울 수 있는 방법은 무엇일까? 그것은 바로 암기노트를 작성하는 것이다.

책을 넘기며 공부를 할 때, 교과서를 읽어 나가다가 외울 부분이 나올 때 노트에 일목요연하게 정리하고 이렇게 정리한 노트만 가지고 다니면서 외우는 것이다. 이것이 노트 작성이 필요한 이유이다.

앞에서 모든 책에는 외울 내용과 이해해야 할 내용이 섞여 있다고 했다. 따라서 아무 생각 없이 공부를 하는 것은 이해할 부분과 암기할 부분을 나누지 않고 무턱대고 공부 양만 늘리게 되는 것이다. 냉정하게 말하고 싶다. 암기할 부분은 암기해야 한다. 암기할 부분을 백 번을 읽는다고 하더라도 그것은 읽은 것이지 암기가 아니다. 따라서 머릿속에 오래 남지 않는다.

등위접속사 : 양쪽에 동등한 문법성분을 연결.
1. and   ① … 와 , 그리고
         ② 명령문 + ,and (… 해라, 그러면 ∼ 할것이다.).

2. but   그러나 , 하지만.

3. or   ① 혹은 … (이)나 ∼
         ② 명령문 + ,or (… 해라, 그렇지 않으면 ∼ 할것이다.).

4. so   앞 내용에 대한 결과 (그래서, 그러므로).

•• 5. for   앞 내용의 부가적 이유 (왜냐하면, … 때문에)

6. 상관접속사.
         both   A   and   B   (A와 B 둘다).
         not   A   but   B   (A가 아니라 B).
         not only   A   but also   B   (A뿐만이 아니라 B도).
         either   A   or   B   (A 아니면 B).
         neither   A   nor   B   (A도 B도 아닌).
       • A   as   well   as   B   (B와 마찬가지로 A도)

관계대명사.
         선행사   주격   소유격   목적격
         사람   who   whose   whom
         사물.   which   whose   which.
    •• 생략가능   X   X   O
     • that   O   X   O

     • 단지만 나올수 있는 접속사.
         who , which, what

이렇게 암기할 부분을 정해서 공부하지 않는 학생은 대부분 기껏해야 60점대를 약간 웃도는 점수를 얻는다. 그것은 암기해야할 부분을 이해만 해서 공부했기 때문이다.

앞의 노트는 내가 작성한 암기노트의 일부분이다. 문법책에 나오는 내용 중 외워야겠다고 생각하는 부분을 노트에 적고 단어장 외울 때의 방법을 적용해 외운 부분과 외우지 못한 부분을 따로 정리했다. 이 방법으로 했을 때 가장 쉽고 빠르게 암기할 수 있었다.

이 방법은 비단 영어 한 과목에만 적용되는 것이 아니다. 모든 과목에 암기노트를 만들고 그걸 가지고 집중적으로 외우는 방법이 가장 좋다. 처음에 외울 부분을 노트에 적을 때만 시간이 걸리고 그다음 외울 때부터는 남들보다 시간을 훨씬 절약할 수 있다.

3

영어 듣기를 잘 못하는 학생에게

뒤의 노트는 내가 가르치는 학생들이 작성한 것이다. 영어 듣기 때문에 고민하는 학생은 지금부터 내가 소개하는 방식을 잘 보고 따라 하기 바란다. 고3 학생들이 보는 듣기 평가 문제집으로 하루에 한 문제씩만 연습하면 된다.

예를 들어 보자. 듣기는 한 문제가 1분 정도의 대화 내용으로 되어 있다.

대부분의 학생들은 MP3 내용을 듣고 푼 후 답을 맞춰 보지만 노트의 예처럼 문제를 풀려고 하지 말고 대화 내용을 그대로 받아 적으면 된다. 중요한 건 반드시 구간 반복을 설정해서 들어야 한다는 것이다.

1분 정도의 대화 내용 중 처음에 구간 반복 시작 설정을 하고 마지막에 구간 반복 해제 설정을 하여 20번 정도를 계속해서 똑같은 지문을 들으면서 이 지문을 최대한 완성시키려고 해보자. 처음에는 말이 너무 빨라 40번 정도 반복해서 듣는 경우도 생긴다. 그러나 숙달이 되면 10번 정도면 한 지문은 거의 완벽하게 완성할 수 있다. 처음부터 모든 내용을 들으려고 하면 안 되고 빈 공간을 남겨두고 들리는 부분부터 완성시켜 나가면 된다. 빈 공간은 반복해서 들으면서 메우면 된다.

완성이 되었다고 판단되면 듣기 대본을 꺼내서 색깔이 있는 펜으

Excuse me. I'd like to borrow this book. Sure show me your student card, please.
Here it is, when do I have to bring the book back?
You need to bring it back in a week. Okay thank you.
Excuse me, I'd like to borrow this book. Sure show me your student card, please.
Here it is. when do I have to bring the book back?
You need to bring it back in a week Okay thank you
Excuse me, I'd like to borrow this book. Sure show me your student card, Please.
Here it is, when do I have to bring the book back?
You need to bring it back in a week okay thank you

I'm going to the Super market. Do you need anything?
Could you buy me a drink and some cookies? Cookies?
Sure anything else?
No, thanks
I'm going to the supermarket Do you need anything?
Could you buy me a drink and some cookies?
Sure anything else?
No, thanks
I'm going to the Supermarket Do you need anything?
Could you buy me a drink and some cookies?
Sure anything else?
No, thanks

Hi, Ben this is Jenny. I'm really sorry, but I can't go to the party tomorrow afternoon. I forgot that I have to visit my grandmother's house tomorrow is my grandmother's birthday have fun. and talk to you later
Hi Ben this is Jenny I'm really sorry, but I can't go to the party tomorrow afternoon. I forgot that I have to visit my grandmother's house tomorrow is my grandmother's birthday have fun, and talk to you later

Hello Brion? ~~It's~~ Is something the metter?
I'm having troble making a copy ~~is~~ ~~daqument.~~ of this document

It seems that ~~the~~ this ~~copy~~ photocopier ~~border~~ is out of order
Well ~~wow~~, did you ~~shake~~ check the paper?
Yes, I ~~early pit~~ already feel paper into It.

then, why don't you ~~Day are~~ read the error message on the sren?
Ok, let me see, well ~~with~~ which as we Replaced ~~in~~ the ink ~~Cartrege~~ cartridge.
It says

oh. Dear, there is no extra ink ~~catrege~~ cartridge in ~~oppice~~ our office.
Well. then what ~~sure~~ should I do
Don't worry, I'm about to go to the ~~ganeral appears~~ general affairs ~~the apartment~~ department to get something, ~~for get~~ ~~can from~~ confiremed.
I'll bring ~~are~~ you a new my ~~bag~~ ~~Cartrige with~~ cartridge on way back
oh. thank you

Hi, I'll like to register for a class, can you recommend one.
How about a yoga class? It's very papuler
Ok, we have ~~3 times~~ three types programs: basic intermiditea ediate ~~best~~ and advanced
What's ~~someone prope~~ the monthly fee?
$20 for basic, $30 for intermidea ediate, and $40 for ~~best~~ advanced
locker uses is free isn't it. month
No, You must pay an additional $5 each ~~one~~
All right, I'll take the ~~class~~ basic class including locker
months in advance ~~and~~
If you pay for ~~mance~~ mance an lunce you get a 20%

로 노트처럼 맞춰 보면 된다. 이렇게 하면 세부적인 내용까지도 놓치지 않고 들을 수 있고 듣기 실력도 몰라보게 좋아지게 된다.

만약 본인이 듣기에 취약하다면 하루에 세 문제 정도를 반복하는 것이 좋다. 듣기 점수가 웬만큼 나오는 학생이라면 하루에 한 문제면 충분하다. 다시 말하지만 많은 문제를 푸는 게 중요한 게 아니다. 똑같은 내용을 반복 청취하는 것이 중요하다.

듣기 평가와 관련해서 명심할 것이 있다. 어떤 학생은 단어 실력이 안 좋아서 듣기 평가를 잘 못한다고 하지만 이것은 틀린 말이다. 듣기 평가에 나오는 단어는 대부분 중학교에서 다 배운 단어들이기 때문이다. 다만 그것을 듣는 우리의 귀가 말의 속도를 따라가지 못할 뿐이다. 다시 말하지만 무작정 새로운 문제를 풀지 말고 같은 내용을 반복 청취하는 것이 중요하다.

4. 외국어 영역 문제 풀이 방식 소개

(1) 대학수학능력시험 문항별 체크 방법 (○, ☆, △, □)

20. 다음 글의 목적으로 가장 적절한 것은? [1점]

If you are worrying about money when you are away, your enjoyment will suffer. Plan your budget in advance to give yourself time to research the costs fully. If you cannot get confirmed prices, get as many estimates as you can. Note the best price and the worst price and budget in between the two. Ideally, the budgeted figures will work out just about right. If they don't, you will have to use your emergency fund to cover basic expenses such as food, transport, and accommodation, and there will be less money available for an unexpected situation that necessitates a sudden change of plan. So, be sure to make your budget realistic, so that you can be confident that you will be able to pay for all aspects of the trip.

① 여행 중 상품 구매 시 주의 사항을 알려주려고
② 여행 경비 예산 짜기에 대해 조언하려고
③ 과도한 여행 경비 지출의 위험을 경고하려고
④ 여행 중 위급 상황에 대처하는 방법을 설명하려고
⑤ 여행 시 적절한 교통수단에 대해 안내하려고

21. (A), (B), (C)의 각 네모 안에서 어법에 맞는 표현으로 가장 적절한 것은?

Many social scientists have believed for some time (A) that / what birth order directly affects both personality and achievement in adult life. In fact, people have been using birth order to account for personality factors such as an aggressive behavior or a passive temperament. One might say, "Oh, I'm the eldest of three sisters, so I can't help that I'm so overbearing," or "I'm not very successful in business, because I'm the youngest child and thus less (B) aggressively / aggressive than my older brothers and sisters." Recent studies, however, have proved this belief to be false. In other words, birth order may define your role within a family, but as you mature into adulthood, (C) accepted / accepting other social roles, birth order becomes insignificant.

	(A)		(B)		(C)
①	that	……	aggressively	……	accepting
②	that	……	aggressive	……	accepting
③	that	……	aggressive	……	accepted
④	what	……	aggressive	……	accepted
⑤	what	……	aggressively	……	accepted

22. 다음 글의 밑줄 친 부분 중, 어법상 틀린 것은?

You may think that moving a short distance is so easy that you can do it in no time with ① little effort. You may decide to use your own car because you think that you don't need the services of a moving company. Well, you might be wrong. You are under the false impression that you do not have as many items to pack as you really ② do. You find out ③ too late that your car cannot carry as much as you thought it could. So, it takes you far more trips to your new home than you thought it would. There is also the possibility of ④ damage your stuff, some of it valuable. All these things ⑤ considered, it might be better to ask for the services of a moving company.

23. 다음 글에서 전체 흐름과 관계 없는 문장은?

Roman doll-makers continued to use technology developed by the Egyptians and Greeks, but in line with the artistic sensibilities of their culture, they were constantly trying to make dolls more elegant and beautiful. ① One doll, found near Prati in Rome, was made of ivory and lay beside her owner who had died at the age of eighteen. ② The huge growth in the understanding of civilization raised awareness of other important roles of trade. ③ Next to the doll was a small box, also made of ivory, containing tiny combs and a silver mirror. ④ The doll had rings on her fingers and held a tiny key, which unlocked the box. ⑤ Like children today, the younger members of Roman civilization would have dressed and undressed their dolls, and decorated their hair and fingers according to the latest fashions.

[24~27] 다음 글의 빈칸에 들어갈 말로 가장 적절한 것을 고르시오.

24. While the fine art object is valued because it is unique, it is also valued because it can be reproduced for ___________. For example, Van Gogh's paintings have been reproduced endlessly on posters, postcards, coffee mugs, and T-shirts. Ordinary consumers can own a copy of the highly valued originals. Therefore, the value of the original results not only from its uniqueness but from its being the source from which reproductions are made. The manufacturers who produce art reproductions and the consumers who purchase and display them give value to the work of art by making it available to many people as an item of popular culture.

① art education
② artists' imagination
③ cultural diversity
④ scholarly research
⑤ popular consumption

25. There are some people who believe that no one should be trusted. They usually feel this way because their behavior compels others to lie to them. In other words, they make it difficult for others to tell them the truth because they respond rudely or emotionally to people who tell the truth. If others see how angry, hurt, or hateful you become when they tell you the truth, they will avoid telling it to you at all costs. If you are known as someone who is easily offended, you will never know what others are really thinking or feeling because they will ___________ to escape from your negative reaction. If you demand that children tell you the truth and then punish them because it is not very satisfying, you teach them to lie to you to protect themselves.

① protect their children
② distort the truth
③ waste your expenses
④ hurt your feelings
⑤ reveal their anger

3 / 8

26. One of the main principles I follow when I draw outside is _______________. I try to stay away from houses or barns that have unusual angles of the roof, or objects that look incorrect in size, perspective, or design. If the subject is confusing when you look at it, it will be more confusing when you attempt to draw it. I know a beautiful barn where the corners are not at right angles. No matter how many times I have drawn it, the perspective does not look right. If I were to make an accurate drawing of this barn and put it in a show, I'm sure I would get all kinds of criticism for my poor perspective. I would not be there to tell my critics that the barn is actually constructed this way. So, I stay away from subjects that do not look right to me.

① not to select a subject that is too difficult or odd
② not to draw any objects that others have drawn
③ to draw an object with imagination
④ to get information from abstract subjects
⑤ to convert inaccurate drawings into accurate ones

27. When faced with things that are too big to sense, we comprehend them by _______________.
The first appearance of a shining star in a darkening evening sky can take you out into the universe if you combine what you see with the twin facts that the star is merely one of the closest of the galaxy's 200 billion stars and that its light began traveling decades ago. The smell of gasoline going into a car's tank during a refueling stop, when combined with the fact that each day nearly a billion gallons of crude oil are refined and used in the United States, can allow our imagination to spread outward into the vast global network of energy trade and politics. [3점]

* crude oil: 원유

① establishing the local network
② understanding the energy policy of a nation
③ comparing the universe with human beings
④ associating the objects with their names
⑤ adding knowledge to the experience

28. (A), (B), (C)의 각 네모 안에서 문맥에 맞는 낱말로 가장 적절한 것은?

The first experiments in television broadcasting began in France in the 1930s, but the French were slow to employ the new technology. There were several reasons for this (A) hesitancy / consistency. Radio absorbed the majority of state resources, and the French government was reluctant to shoulder the financial burden of developing national networks for television broadcasting. Television programming costs were too high, and program output correspondingly low. Poor (B) distribution / description combined with minimal offerings provided little incentive to purchase the new product. Further, television sets were priced beyond the means of a general public whose modest living standards, especially in the 1930s and 1940s, did not allow the acquisition of luxury goods. Ideological influences also factored in; elites in particular were (C) optimistic / skeptical of television, perceiving it as a messenger of mass culture and Americanization.

	(A)		(B)		(C)
①	hesitancy	······	distribution	······	optimistic
②	hesitancy	······	distribution	······	skeptical
③	hesitancy	······	description	······	optimistic
④	consistency	······	description	······	optimistic
⑤	consistency	······	distribution	······	skeptical

29. 다음 바이올린 줄의 그림에 대한 글의 내용 중, 밑줄 친 낱말의 쓰임이 적절하지 <u>않은</u> 것은? [3점]

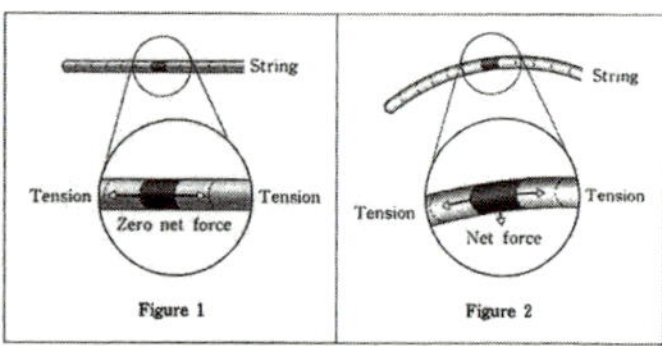

A violin creates tension in its ① <u>strings</u> and gives each of them an equilibrium shape: a straight line. A tight violin string can be viewed as composed of many individual pieces that are connected in a chain as in the above two figures. When the string is ② <u>straight</u>, as in Figure 1, its tension is uniform, and the two outward forces on a given piece sum to zero; they have equal magnitudes and point in ③ <u>opposite</u> directions. With no net forces acting on its pieces, the string is in equilibrium. But when the string is ④ <u>curved</u>, as in Figure 2, the outward forces on its pieces no longer sum to zero. Although the string's uniform tension still gives those outward forces equal magnitudes, they now point in slightly different directions, and each piece experiences a ⑤ <u>zero</u> net force. The net forces on its pieces are restoring forces, which will cause the string to vibrate and thus make sounds.

* equilibrium: 평형   ** magnitude: 크기

30. 다음 글에 드러난 'She'의 심정으로 가장 적절한 것은?

Her nerves were hurting her. She looked automatically again at the high, uncurtained windows. As night fell, she could just perceive outside a huge tree swinging its branches. The rain came flying on the window. Ah, why didn't she have peace? These two men, her husband and her son, why did they not come? She wrapped a large scarf around her and hesitated for a moment. She opened the door and stepped out into the backyard. There was no sign of a light anywhere. She listened with all her ears but could hear nothing but the night. "James! — Shawn!" she called, but nothing came from the darkness.

① nervous and worried
② relaxed and comfortable
③ safe and relieved
④ satisfied and pleased
⑤ cold and indifferent

31. 다음 글의 빈칸 (A), (B)에 들어갈 말로 가장 적절한 것은?

Sheets of paper exist almost entirely for the purpose of carrying information, so we tend to think of them as neutral objects. We rarely interpret marks on paper as references to the paper itself. ___(A)___ , when we see the text, characters, and images on artifacts that serve other purposes, we generally interpret these marks as labels that do refer to their carriers. Natural objects do not come with labels, of course, but these days, most physical artifacts do. ___(B)___ , their designers have chosen to shift part of the burden of communication from the form and materials of the artifact itself to lightweight surface symbols. So, for example, a designer of door handles might not worry about communicating their functions through their shapes, but might simply mark them 'push' and 'pull.'

* artifact: 인공물

	(A)		(B)
①	However	⋯⋯	Otherwise
②	Likewise	⋯⋯	In contrast
③	However	⋯⋯	That is
④	Besides	⋯⋯	In contrast
⑤	Besides	⋯⋯	That is

[32~33] 다음 글의 주제로 가장 적절한 것을 고르시오.

32. Many people believe that they will be free of their anger if they express it, and that their tears will release their pain. This belief derives from a nineteenth-century understanding of emotions, and it is no truer than the flat earth. It sees the brain as a steam kettle in which negative feelings build up pressure. But no psychologist has ever succeeded in proving the unburdening effects of the supposed safety valves of tears and anger. On the contrary, over forty years ago, controlled studies showed that fits of anger are more likely to intensify anger, and that tears can drive us still deeper into depression. Our heads do not resemble steam kettles, and our brains involve a much more complicated system than can be accounted for by images taken from nineteenth-century technology.

① 감정 표출의 효과에 대한 오해
② 두뇌 구조와 우울증의 관계
③ 19세기 과학이 뇌신경학에 미친 영향
④ 감정에 따른 두뇌 반응의 상이성
⑤ 눈물과 분노의 심리적 유사성

33. Knowing when something happened is important. Understanding why historic events took place is also important. To do this, historians often turn to geography. Weather patterns, the water supply, and the landscape of a place all affect the lives of the people who live there. For example, to explain why the ancient Egyptians developed a successful civilization, you must look at the geography of Egypt. Egyptian civilization was built on the banks of the Nile River, which flooded each year, depositing soil on its banks. The rich soil could help farmers grow enough crops to feed the people in the cities. That meant everyone did not have to farm, so some people could perform other jobs that helped develop the civilization.

① significance of geography in understanding history
② effects of the Nile River on Egyptian farming
③ differences between geography and geology
④ varieties of Egyptian civilization
⑤ development of Egyptian culture

34. 다음 글의 주장으로 가장 적절한 것은?

Nowadays, we can enjoy athletic competition of every kind without leaving our homes. It is the fun that comes from cheering on our team and celebrating its skills while complaining about the opposing team's good luck. But some individuals sit and watch a football game or tennis match without cheering for anyone or any team. They are not willing to risk the possible disappointment of picking the loser, so they give up the possible joy of picking the winner. They live in the world of neutrality. Don't be one of them. Sure, your team might lose. But then again, your team might win. Either way, your spectator experience will have been a fun one, and you will have avoided being merely a passive observer.

① 상대 팀의 승리에 찬사를 보내라.
② 운동경기는 경기장에 가서 즐겨라.
③ 한 팀을 정해서 응원하며 관전하라.
④ 중립적인 입장에서 경기를 분석하라.
⑤ 지나친 응원으로 상대 팀을 자극하지 마라.

35. 다음 도표의 내용과 일치하지 <u>않는</u> 문장은?

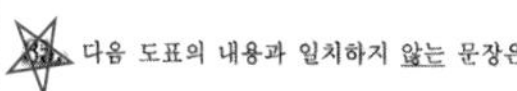
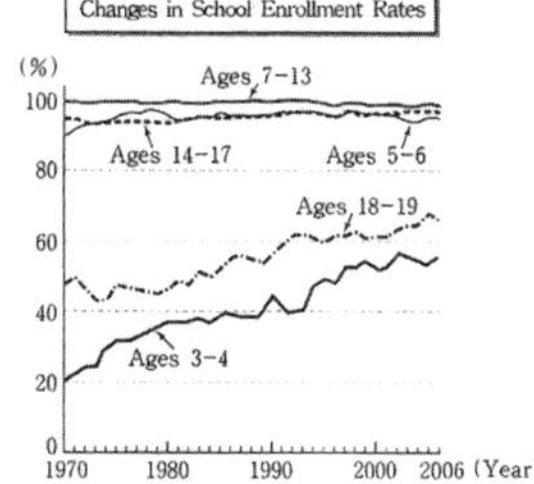

The above graph shows changes in school enrollment rates of the population ages 3−19 by age group from 1970 to 2006. ① The enrollment rates of all age groups were higher than 50 percent in 2006. ② Of all age groups, the enrollment rate for youth ages 7−13 was the highest during the entire period covered by the graph. ③ Of all age groups, the enrollment rate of children ages 5−6 increased the most from 1970 to 2006. ④ The overall change in the enrollment rate from 1980 to 1990 was smaller for youth ages 14−17 than for youth ages 18−19. ⑤ The lowest enrollment rate is seen in children ages 3−4 among all age groups for each year.

　여기서 소개하는 방식은 나만이 알고 있는 방법이다. 모든 수험생들에게 해당하는 것이 아니라 외국어 영역 때문에 점수가 나오지 않는 수험생들을 위해 소개하는 것이다.

　우선 출제위원의 함정에 빠지지 않고 고득점을 얻는 하나의 방법일 뿐임을 말하고 싶다. 선택은 수험생의 몫이지만 특히 시간이 절대적으로 부족하여 문제 자체를 읽지도 못하고 찍는 수험생에게 좋은 방법이 될 수 있다.

　실제로 내가 가르쳐 본 수험생 중에 외국어 영역 5등급 정도를 받는 수험생은 12~15문제는 읽지도 못하고 찍고 있었다. 이것은 공부를 열심히 하고 안 하고의 문제가 아니다. 공부하는 요령의 문제다. 이들에게 내가 권하는 방식이 하나의 문제 풀이 요령이 될 수 있을 것이다.

　자! 지금부터 내가 실제 수험장에서 사용한 외국어 영역 문제 풀이 방식을 소개한다.

　먼저 호각 소리와 함께 시험이 시작되는데 이때 전혀 긴장하지 말고 색깔 있는 수성펜을 꺼내서 각 문제 번호에 사진과 같이 네 가지 경우로 표시를 하자.

1. 체킹하는 방법

○**문제** – 이 문제는 가장 쉬운 문제이다. 주제, 요지 파악 및 글의 분위기 같은 아주 기본적인 것을 판별하는 문제이다. 따라서 첫 문

장과 끝 문장을 읽고 정답을 골라내면 된다. 만약 첫 문장과 끝 문장을 읽고도 정답을 고를 수 없다면 위에서 두 번째 문장 그리고 밑에서 두 번째 문장을 읽고 정답을 고르면 된다. (평균 10~11문제 출제)

☆ **문제** – 이 문제는 그림 문제와 내용의 일치, 불일치를 묻는 문제이다. 사실 수험생이 가장 싫어하는 문제 유형이지만 이 문제의 정답은 항상 3, 4, 5번 중 하나다. 따라서 보기도 5→4→3→2→1의 순서로 읽어야 한다. (평균 5문제 출제)

△ **문제** – 이 문제는 키워드와 접속부사를 이용하여 푸는 유형의 문제다. 지칭 추론 문제나 글의 순서 정하기 같은 것을 물어본다. 어려운 문제가 아니니 지문을 절대로 다 읽으려고 하지 말고 키워드를 이용하여 풀기 바란다. (평균 4문제 출제)

□ **문제**–이 문제는 가장 고난이도의 문제이다. 바로 빈칸 문제이다. 나 역시 공부를 할 때 모의고사에서 이 문제로 만점을 놓친 적이 여러 번 있다. 이 문제를 푸는 방식은 첫 문장과 끝 문장을 먼저 읽고 밑줄이 그어져 있는 문장 근처를 정확하게 해석하는 것이다. (평균 7~8문제 출제)

2. 문제 푸는 순서

체킹 작업이 끝났으면 절대로 문제를 순서대로 풀지 말고 ○ → ☆

→ △ → ㅁ의 순으로 푸는 것이 유리하다. 그래야 출제위원이 파놓은 함정에 빠지지 않을 수 있다. 또한 이렇게 해야 시간 안배 면에서 절대적으로 유리하다.

어떤 수험생은 문제 풀 시간도 없는데 이런 거 체크할 시간이 어디 있느냐고 말한다. 그러나 이와 같은 방식으로 체크하는 데는 30초면 충분하다. 따라서 학교에서 모의고사를 볼 때 위의 방식을 적용하여 실전 연습을 해보길 권한다.

내가 지금 소개한 방식은 무턱대고 적용만 한다고 해서 되는 것이 아니다. 이 방식을 완벽하게 소화하기 위해서는 정확한 해석이 필요한데, 바로 그 해석은 문법과 단어 실력에서 나온다. 일부 수험생들은 수능은 독해 문제가 거의 대부분이라고 말한다. 그래서 문법은 필요가 없다고 말하지만 그런 수험생은 아무리 영어 공부를 해도 점수가 오르지 않음을 이미 스스로 깨닫고 있으리라 생각한다.

시험은 시험이다. 어떠한 경우에도 문제 전체를 다 읽어서는 시간 내에 풀 수 없다. 출제위원들은 이 같은 사실을 염두에 두고 출제하는 것이다. 문제가 잘 안 풀리고 난해할수록 정확한 문법과 단어 실력에 바탕을 두고 위에서 소개한 각각의 방식으로 푸는 것이 유리하다. 즉, 주제문이 될 수 있는 첫 문장, 끝 문장, 키워드, 밑줄 근처를 정확하게 해석해야 한다.

생각해 보라. 한 문제당 1분 20초 안에 풀어야 한다. 이것은 이미 승패가 결정 난 게임이라고 해도 과언이 아니다. 요령껏 풀어서 답을 맞히는 것이 중요하다. 잊지 마라. 정답을 맞히는 공부를 해야 한다. 점수에 도움이 되지 않는 공부는 하지 마라. 그것은 학문을 통해 진리를 추구하고자 하는 학자나 하는 것이다. 우리는 학자가 아니다. 시험 점수를 잘 받아서 좋은 대학에 가고자 하는 사람들이다.

(2) 실전 문제 풀이 방식

① 1유형 - ○문제

■수능 기출

다음 글의 목적으로 가장 적절한 것은?

If you are worrying about money when you are away, your enjoyment will suffer. Plan your budget in advance to give yourself time to research the costs fully. If you cannot get confirmed prices, get as many estimates as you can. Note the best price and the worst price and budget in between the two. Ideally, the budgeted figures will work out just about right. If they don't, you will have to use your emergency fund to cover basic expenses such as food, transport, and accommodation, and there will be less money available for an unexpected situation that necessitates a sudden change of plan. So, be sure to make your budget realistic, so that you can be confident that you will be able to pay for all aspects of the trip.

① 여행 중 상품 구매 시 주의 사항을 알려주려고

② 여행 경비 예산 짜기에 대해 조언하려고

③ 과도한 여행 경비 지출의 위험을 경고하려고

④ 여행 중 위급 상황에 대처하는 방법을 설명하려고

⑤ 여행 시 적절한 교통수단에 대해 안내하려고

■ 풀이

이 문제는 전형적인 ○문제이다.

모든 문제를 풀 때는 항상 보기를 먼저 읽자. 보기는 문제를 풀기 위한 힌트가 될 뿐만 아니라 무슨 내용인지를 상상할 수 있게 해준다.

○문제의 정답은 항상 첫 문장과 끝 문장에 있다. 따라서 첫 문장과 끝 문장을 정확하게 해석하는 능력이 필요하다. 만약, 첫 문장과 끝 문장을 읽고 정답이 잘 드러나지 않거나 2~3개로 정답 후보가 압축된다면 이때는 위에서 두 번째 문장과 아래에서 두 번째 문장을 읽고 정답을 골라야 한다.

1. 첫 번째 문장 : <u>만일 여러분이 여행 중에 돈 걱정을 하고 있다면, 여러분의 즐거움은 상처를 입게 될 겁니다.</u>

2. 마지막 문장 : (예기치 못한 상황이 별로 생기지 않을 겁니다.) <u>그러므로 여행의 모든 상황에 돈을 지불할 수 있다는 자신감을 가질 수 있도록 반드시 예산을 현실적으로 짜세요.</u>

따라서 이 문제의 정답은 ②번이 된다.

■해석

만일 여러분이 여행 중에 돈 걱정을 하고 있다면, 여러분의 즐거움은 상처를 입게 될 겁니다. 여러분 자신에게 여행비용을 충분히 조사하기 위한 시간을 투자할 수 있도록 미리 예산을 짜세요. 확실한 가격을 알 수 없다면, 가능한 한 많은 견적을 내보세요. 가장 좋은 가격과 최악의 가격을 기록하고 그 둘 사이에서 예산을 짜세요. 이상적인 것은, 그렇게 짠 예산 수치가 아주 잘 들어맞는 것입니다. 그렇지 않다 해도 여러분은 음식이나 차비, 그리고 숙박비와 같은 기본적인 경비를 다루기 위해 비상금을 이용할 수 있을 것이고, 계획의 갑작스러운 변화를 필요로 하는 예기치 못한 상황을 위해 이용하게 될 돈이 적어질 겁니다. (예기치 못한 상황이 별로 생기지 않을 겁니다.) 그러므로 여행의 모든 상황에 돈을 지불할 수 있다는 자신감을 가질 수 있도록 반드시 예산을 현실적으로 짜세요.

■Words and Phrases

confirmed prices 확인된 가격

emergency fund 비상금

work out (계획을) 완전하게 세우다, (문제가) 잘 풀리다

accommodation 숙박(시설)

necessitate 필요로 하다, 요구하다

be sure to ⓥ 반드시 ～하다

so that S can S가 ～할 수 있도록

다음 글의 상황에 나타난 분위기로 가장 적절한 것은?

In Pamplona, a white-walled, sun-baked town high up in the hills of Navarre, is held in the first two weeks of July each year the World's Series of bull fighting. The cafes under the wide arcades that run around the Plaza de la Constitucion have every table crowded. All day and all night there is dancing in the street. Bands of blue-shirted farmers circle and lift and swing behind a drum and various wind instruments in the ancient Basque Riau-Riau dances. And at night there is the beat of the big drums and the military band as the whole town dances in the great open square of the Plaza.

① sad and desperate   ② urgent and scary   ③ merry and festive
④ gloomy and miserable   ⑤ calm and peaceful

■풀이

이 문제는 전형적인 O문제이다.

이 문제도 푸는 방식은 앞 문제와 동일하다.

1. 첫 번째 문장 : Pamplona에 흰 벽으로 둘러치고 햇볕에 그을린 Navarre 언덕 높은 마을에서 해마다 7월 첫 2주간 세계적인 황소싸움 이 시작된다.

2. 마지막 문장 : 마을 전체가 Plaza의 환희 트인 큰 광장에서 춤을 출 때, 밤에는 큰 북과 군악대의 소리가 들린다.

글의 전체적인 분위기로 볼 때 흥겹고 축제적이다. ③ merry and festive가 정답이다.

■해석

Pamplona에 흰 벽으로 둘러치고 햇볕에 그을린 Navarre 언덕 높은 마을에서 해마다 7월 첫 2주간 세계적인 황소싸움이 시작된다. 넓은 아케이드 아래 the Plaza de la Constitucion 주위에서 운영되는 카페들은 모든 테이블이 사람들로 붐볐다. 온종일 거리에는 춤이 넘쳐났다. 파란색 셔츠를 입은 농부들의 악대가 드럼과 다양한 관악기 뒤에서 고대 바스크 Riau-Riau 춤을 추면서 원을 돌며 기운을 돋우며 힘차게 행진한다. 마을 전체가 Plaza의 환희 트인 큰 광장에서 춤을 출 때, 밤에는 큰 북과 군악대의 소리가 들린다.

■Words and Phrases

hold 개최하다

wind instrument 관악기

desperate 자포자기의, 절망적인, 필사적인

urgent 급박한

■수능 기출

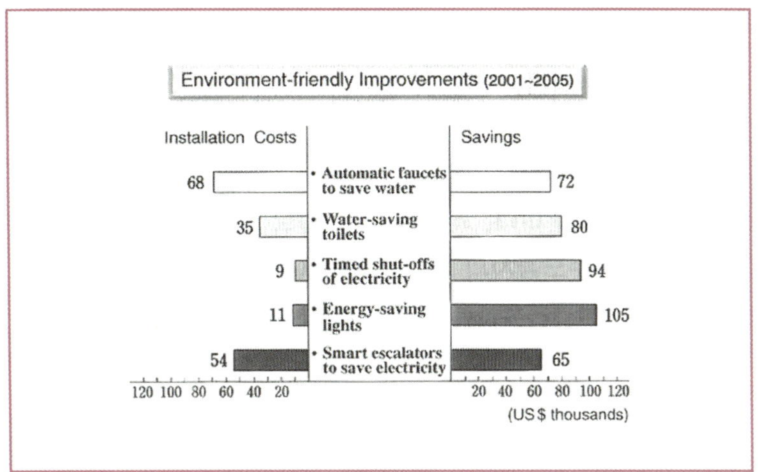

다음 중 도표의 내용과 일치하지 않는 문장은?

In the above chart, the five items in the middle show the environment-friendly improvements made by a company from 2001 to 2005. The left bar chart shows the costs of carrying them out, and the right bar chart shows the resulting savings during the same period. ① The company reduced its water use by installing automatic faucets and water-saving toilets, saving 152,000 dollars. ② The greatest saving came from the installation of energy-saving lights. ③ Timed shut-offs of electricity came second in savings. These two improvements cost much less than the other measures. ④ The most expensive installation was that of smart escalators. ⑤ Although the installation costs differed, all the improvements resulted in savings for the company.

■풀이

이 문제는 전형적인 ☆문제이다.

☆문제의 특징은 지문 전부를 해석해야 하는 경우가 대부분이다. 따라서 이와 같은 문제의 경우는 시간이 상당히 많이 걸려 답을 알아내도록 출제위원들은 정답을 ③, ④, ⑤번에 놓는 경우가 많다. 이것은 내가 수능을 볼 때도 그랬고 10년이 지난 지금도 마찬가지다. 따라서 보기를 볼 때 ⑤ → ④ → ③…의 순으로 읽는 것이 이런 문제를 빠르게 풀 수 있는 방법이다.

1. ⑤번 보기를 해석해 보자 : 비록 설치비용은 달랐지만, 모든 개수 공사는 회사에 절감을 가져다주었다. 위의 문장은 본문의 그래프와 일치한다. 따라서 정답이 아니다.

2. 그렇다면 ④번 보기를 해석해 보자. 가장 비싼 설치는 스마트 에스컬레이터 설치이다. 그러나 이 지문은 틀린 지문이다. 왜냐하면, 스마트 에스컬레이터 설치비용은 54,000달러이고, 물 절약 자동 수도꼭지의 설치비용은 68,000달러이기 때문에 스마트 에스컬레이터 설치비용이 가장 높다는 ④번은 도표의 내용과 일치하지 않는다.

위 도표에서, 가운데의 다섯 항목은 2001년부터 2005년까지 한 회사에 의해 이루어진 환경 친화적으로 개수된 사항을 보여 준다. 왼쪽의 막대 도표는 그것을 실행하는 비용을 보여 주며 오른쪽 막대 차트는 같은 기간 동안 그 결과로 생긴 절약 비용을 보여 준다. 이 회사는 자동 수도꼭지와 절수 변기를 설치함으로써 물 사용을 줄이고 152,000달러를 절약했다. 가장 큰 절약 비용은 에너지 절약 조명의 설치에서 나왔다. 전기 시한 차단 장치는 두 번째로 많은 절약을 했다. 이 두 가지 개수 공사는 다른 측정치보다 훨씬 적은 비용이 들었다. 가장 비싼 설치는 스마트 에스컬레이터 설치이다. 비록 설치비용은 달랐지만, 모든 개수 공사는 회사에 절감을 가져다주었다.

RPC에 관한 다음 글의 내용과 일치하는 것은?

The RPC, foundedin1996, describesitselfasa progressive organization fighting for social change. It is a multiracial, multi-issue, international membership organization. Its mission is to move the nation and the world towards social, racial, and economic justice. It has its headquarters inChicago,andmajorbranchesinWashington, D.C., New York, and Los Angeles. It has succeeded in registering hundreds of thousands of voters, helped elect many officials, mediated labor disputes, affected public policy in Haiti, and helped secure professional positions for minorities in a number of different fields. It also works on issues such as fair housing, gender equality, and environmental justice.

① 1996년에 설립된 보수 단체이다.

② 임무는 인종 문제에 국한된다.

③ 본부는 뉴욕과 로스앤젤레스에 있다.

④ Haiti의 공공 정책에 영향을 끼쳤다.

⑤ 양성 평등과 환경 문제에는 관여하지 않는다.

■풀이

이 문제는 전형적인 ☆문제이다.

이 문제도 앞의 문제와 푸는 방식이 동일하다. 따라서 ⑤번 보기를 먼저 읽고 지문의 밑에서부터 반대로 읽어 나가면 정답이 ④번임을 쉽게 찾을 수 있다. 시간을 절약할 수 있고 정답도 쉽게 고를 수 있다.

⑤ 양성 평등과 환경 문제에는 관여하지 않는다.

⋯▶ 관여한다.

④ Haiti의 공공 정책에 영향을 끼쳤다.

③ 본부는 뉴욕과 로스앤젤레스에 있다.

⋯▶ Chicago에 본사를 두고 있다.

② 임무는 인종 문제에 국한된다.

⋯▶ 사회, 인종, 경제까지 해당된다.

① 1996년에 설립된 보수 단체이다.

  ···▶ 진보 단체이다.

■ 해석

1996년에 설립된 RPC는 사회적인 변화를 위하여 싸우는 진보적인 조직으로 그 자신을 묘사하고 있다. 그것은 다인종적이고, 다양한 문제, 국제적인 회원을 지닌 조직이다. 그것의 임무는 국가와 세계를 사회적, 인종적, 경제적 정의를 향해 움직이는 것이다. 그것은 Chicago에 본사를 두고 있고 주요한 지부는 Washington D.C., New York, 그리고 Los Angeles에 있다. 그것은 수십 만 명의 유권자들을 등록시키는 데 성공했고, 많은 공직 선거를 도왔고, 노동 분쟁을 중재했고 Haiti의 공공 정책에 영향을 주었다. 많은 다른 분야에 있는 소수자들의 전문적인 지위를 보장하도록 도왔다. 그것은 또한 공정한 주택 공급, 성 평등, 환경 정의와 같은 문제에도 영향을 끼치고 있다.

■ Words and Phrases

found 설립하다

progressive 진보적인

multiracial 다민족의, 다인종의

multi-issue 다양한 문제

justice 정의

headquarter 본사

branch 지사

mediate 중재하다

dispute 분쟁, 논쟁

branch 지사

dispute 분쟁, 논쟁

■**수능 기출**

글의 흐름으로 보아, 주어진 문장이 들어가기에 가장 적절한 곳은?

However, when you try to tickle yourself, you are in complete control of the situation.

Why is it that if you tickle yourself, it doesn't tickle, but if someone else tickles you, you cannot stand it? (①) If someone was tickling you and you managed to remain relaxed, it would not affect you at all. (②) Of course, it would be difficult to stay relaxed, because tickling causes tension for most of us, such as feelings of unease. (③) The tension is due to physical contact, the lack of control, and the fear of whether it will tickle or hurt. (④) There is no need to get tense and therefore, no reaction. (⑤) You will notice the same effect if you close your eyes, breathe calmly, and manage to relax the next time someone tickles you.

■**풀이**

이 문제는 전형적인 △문제이다.

△문제는 특정 키워드와 접속부사 같은 연결사를 활용하여 푸는 것이 가장 쉽고 빠르게 정답을 찾을 수 있는 방법이다.

일단 첫 문장을 주의 깊게 읽자. 모든 문제를 풀 때 명심해야 할 것은 첫 문장은 항상 읽어야 한다는 것이다. 일단 무엇에 관한 글인지 파악하는 것이 중요하기 때문이다.

1. 첫 문장을 읽자 : 당신이 자신을 간질이면 간지럽지 않지만, 다른 사람이 당신을 간질이면 그것을 참을 수 없는 것은 무엇 때문인가?

2. 박스에 들어가 있는 부분을 정확하게 해석해보자 : 그러나 당신이 당신 자신을 간질이려 할 때, 당신은 그러한 상황을 완전히 통제할 수 있다.

여기서 however는 접속부사로서 대조의 문장을 이끄는 연결사의 역할을 한다. 따라서 앞 문장의 physical contact, the lack of control의 단어가 키워드가 되는 것이다. 연결사와 단어 키워드 몇 개를 이용하여 정답을 고를 수 있다.

■해석

당신이 당신 자신을 간질이면 간지럽지 않지만, 다른 사람이 당신을 간질이면 그것을 참을 수 없는 것은 무엇 때문인가? 어떤 사람이 당신을 간질여도 차분함을 유지하게 된다면 그것은 당신에게 아무런 영향을 주지 않을 것이다. 물론, 간질이는 것이 대부분의 우리에게 불안감과 같은 긴장감을 유발하기 때문에 차분함을 유지하기가 어려울 것이다. 그러한 긴장감은 신체적 접촉, 억제력의 부족, 그리고 그것이 간질이는 것인지 아픔을 느끼게 하려는 것인지에 대한 두려움 때문에 나오는 것이다. 그러나 당신이 당신 자신을 간질이려 할 때, 당신은 그러한 상황을 완전히 통제할 수 있다. 긴장할 필요가 없고, 그리하여 아무런 반응도 없게 되는 것이다. 다음에 다른 사람이 당신을 간질일 때 눈을 감고 침착하게 숨을 쉬며 차분함을 유지하게 된다면 똑같은 효과를 보게 될 것이다.

■수능 기출

밑줄 친 He[he]가 가리키는 대상이 나머지 넷과 다른 것은?

Flying over rural Kansas in an airplane one fall evening was a delightful experience for passenger Walt Morris. ① He watched the twinkling farmhouse lights below. Suddenly, the peace of the evening was broken when the plane's landing lights started flashing on and off. 'What's happening? ② he wondered as he gripped the armrests. As the pilot was about to make an announcement, ③ he thought, 'This is it. He's going to tell us we've got a major problem.' Instead, ④ he told the passengers, "In case you're worried about the flashing lights outside the plane, I'm sending a signal to my kids." ⑤ He was relieved to hear the continued announcement: "They're at home over on that hill to the left, and they just sent me a Morse code message saying, 'Good night, Dad.'"

■풀이

이 문제는 전형적인 △문제이다.

이와 같은 문제는 첫 번째 문장에 사람이 한 명 나온다. 그런 다음에 이 사람 말고 다른 사람이 반드시 한 명 더 나오게 되어 있다. 그래서 지문을 무턱대고 읽지 말고 다른 사람이 한 명 더 어디에서 나오는지 속독으로 찾아 보자. 다섯 번째 줄 첫 번째 단어에 pilot(조종사)가 나오고 있다. 그렇다면 정답은 ③, ④, ⑤번 중에 하나다. ①, ②번은 정답이 될 수 없다. 따라서 ③, ④, ⑤를 정확히 해석하면 된다. 그중 ④번의 He는 기장을 가리키지만 나머지는 모두 Walt Morris를 가리킨다.

■해석

어느 가을 저녁 비행기를 타고 Kansas 주의 시골 지역 위를 날아가는 것은 승객인 Walt Morris에게는 기분 좋은 경험이었다. 그는 밑으로 보이는 농장 주택의 반짝거리는 불빛을 보았다. 갑자기 비행기의 착륙등이 켜졌다 꺼졌다 하면서 번쩍이기 시작했을 때 그 저녁의 고요함이 깨졌다. '무슨 일이 일어나고 있는 걸까?' 그는 의자의 팔걸이를 꼭 쥐면서 의아해했다. 조종사가 막 방송을 하려고 했을 때,

Morris는 '바로 이거야. 그는 큰 문제가 일어났다는 것을 말하려고 하는 거야'라고 생각했다. 대신에, 기장은 승객들에게 "비행기 바깥에서 깜빡이는 불빛에 대해 걱정을 하실까 봐 말씀드리는 것인데, 저는 제 아이들에게 신호를 보내고 있는 것입니다"라고 말했다. 그는 계속되는 안내 방송을 듣고 안심이 되었다. "제 애들은 저기 왼쪽으로 보이는 언덕에 있는 집에 있는데, 애들이 Morse 부호로 '좋은 저녁 되세요, 아빠'라는 메시지를 보내왔습니다."

■ Words and Phrases

rural 시골의

twinkle 반짝거리다

on and off 켜졌다 꺼졌다 하는

grip 꽉 잡다

armrest (의자의) 팔걸이

in case 만일에 대비하여

relieved 안심한

④ 4유형 – □ 문제

■수능 기출

다음 글의 빈칸에 들어갈 말로 가장 적절한 것을 고르시오.

While the fine art object is valued because it is unique, it is also valued because it can be reproduced for__________ . For example, Van Gogh's paintings have been reproduced endlessly on posters, postcards, coffee mugs, and T-shirts. Ordinary consumers can own a copy of the highly valued originals. Therefore, the value of the original results not only from its uniqueness but from its being the source from which reproductions are made. The manufacturers who produce art reproductions and the consumers who purchase and display them give value to the work of art by making it available to many people as an item of popular culture.

① art education　　② artists' imagination　　③ cultural diversity
④ scholarly research　　⑤ popular consumption

■풀이

이 문제는 전형적인 □문제이다.

대부분의 학생들이 □문제를 어려워한다. 이것은 빈칸을 사이에 두고 논리적 추론 능력과 어휘력을 동시에 묻기도 하고 간단한 구나 절이 들어갈 수도 있기 때문이다. 이 문제를 쉽게 푸는 가장 좋은 방법은 첫 문장과 끝 문장을 먼저 읽고 무엇에 관한 글인지 파악한 후 밑줄이 그어져 있는 문장과 그 근처 부분을 정확하게 해석하는 것이다.

1. 첫 번째 문장 : 순수미술 작품은 독특함 때문에 평가받는 반면에, 그것은 ＿＿＿＿를 위해 복제될 수 있기 때문에 평가받기도 한다.

2. 마지막 문장 : 예술의 복제품을 만드는 제조업자들과 그것들을 구입해서 전시하는 소비자들은 그 예술품을 대중문화의 한 품목으로서 많은 사람들이 이용 가능하게 만듦으로써 그 예술품에 가치를 부여한다.

끝 문장을 정확하게 해석한다면 많은 사람들이 이용 가능하게 만듦(making it available to many people)이라는 부분이 이 문제를 푸는 키워드가 되고 따라서 정답은 쉽게 ⑤번임을 알 수 있을 것이다.

■해석

순수미술 작품은 독특함 때문에 평가받는 반면에, 그것은 대중적인 소비를 위해 복제될 수 있기 때문에 평가받기도 한다. 예를 들어, 반 고흐의 그림들은 포스터와 우편엽서, 커피 잔, 그리고 티셔츠 등에 끊임없이 복제되어 왔다. 평범한 소비자들은 아주 귀중한 원작품들의 사본을 소유할 수 있다. 그러므로 원본의 가치는 그 독특함에서

뿐만 아니라 그것이 복제품의 원본이 되고 있다는 점에서 기인하기도 한다. 예술의 복제품을 만드는 제조업자들과 그것들을 구입해서 전시하는 소비자들은 그 예술품을 대중문화의 한 품목으로서 많은 사람들이 이용 가능하게 만듦으로써 그 예술품에 가치를 부여한다.

■ **Words and Phrases**

valued 귀중한, 소중한, 값진

unique 유일한 독특한

reproduce 재생하다, 재연하다, 번식하다

endlessly 끝없이, 무한하게

Ordinary 보통의, 통상의, 정규의

original 최초의, 본래의, 고유의

result from ~의 결과이다, ~ 때문이다

uniqueness 독특함, 유일함

manufacturer 제조업자, 생산자

reproduction 재생, 복제물

purchase 구입하다

display 보이다, 전시하다

가로수 길을 아름답게 수놓았던 단풍잎이 하나둘 떨어지는 걸 보니 벌써 늦가을이 온 듯하다. 지난 세월 동안 만났던 아이들은 나에게 모두 소중하고 보석 같은 존재들이었다. 옷깃만 스쳐도 인연이라고 하지 않던가. 아이들과 책상 앞에 앉아 늦은 밤까지 수업을 하면서 마음속으로 깨달은 것도 꽤 많다.

눈 덮인 들판을 걸어갈 때 함부로 어지럽게 걷지 말지어다.
오늘 내가 디딘 발자국은 언젠가 뒷사람의 길이 되느니라.

혹여 내가 아이들을 가르친다는 이유로 아이들에게 불필요한 것들을 강요하지는 않았는지 다시금 반성해 본다. 선생님이라는 이름으로 산다는 것은 참 어려운 일인 것 같다.

선생님으로서 본분을 지키는 것도 이렇게 힘든데, 자식을 바르게 키우는 것은 얼마나 더 힘들까. 그래서 세상의 모든 부모가 존경받는 게 아닐까 싶다. 그렇더라도 나는 이런 부모님들에게 한 말씀 드리고 싶다. 부모의 말과 행동이 아이들 성격을 만들고, 그 성격은 성적까지도 좌우할 수 있다는 사실을 말이다. 처음부터 공부를 잘하는 아이도, 태어날 때부터 공부와 인연이 없는 아이도 없다. 단지 부모가 어떻게 아이들을 대하느냐에 따라, 선생님이 어떻게 가르치느냐에 따라 아이들의 미래가 갈릴 뿐이다. 과연 내가 내 자식에게 사랑을 표현하는 방식이 오히려 아이들에게 말 못할 스트레스를 주지는 않았는지, 아이에게 도움이 되는 것이 아니라 내 자신의 욕심을 채우려고 했던 것은 아닌지 스스로에게 묻고 그 해답을 찾고, 문제를 풀어 갔으면 좋겠다. 지금까지 과외를 하면서 정말 가슴속 깊이 느껴 왔고, 부모님들께 진심으로 해드리고 싶은 말이다.

그리고 믿고 기다리라고 말씀드리고 싶다. 하루아침에 완성될 수 있는 것은 단 하나도 없다. 얻고자 하는 것이 크면 클수록 기다리는 시간은 길고, 그 노력은 배가된다. 우리 아이가 태어나서 처음 걸었을 때, 그리고 엄마, 아빠라고 처음 소리 내어 말했을 때의 기쁨을 잊지 않았으면 한다. 아이가 지금 당장은 기대에 못 미치는 성적을 받아 오고, 사춘기를 지나면서 부모에게 올바르지 못한 말과 행동을 해서 마음 아팠던 날도 있을 것이다. 그래도 아이를 믿고 기다려 주고 아이의 허물이 아닌 부모인 내 자신의 욕심을 줄이고 때론 칼처럼 강인하게, 때론 바람에 흔들리는 부드러운 잎처럼 아이를 대한다면 아이가 내게 주었던 기쁨을 다시 느끼게 되는 날이 오지 않을까 싶다.

과외를 하면서 뼈저리게 느낀 것이지만, 아이들은 자신들의 마음을 알아주기를 간절히 바라고 있다. 아이들의 입장에서 아이들을 생각해 주고 아이들이 정말 필요로 하는 것이 무엇인지 간파해서 채워 주어야 한다. 자녀는 자식이기 이전에 생각하고 느낄 수 있는 부모인 나와 똑같은 사람이다. 다만 아직 성숙하지 못해 그걸 배워 가는 과정에 있을 뿐이다. 이 사실을 잊지 말고 아이를 대한다면 아이의 태도도, 성적도 달라질 것이다.

부족한 이 책을 읽어 주신 독자 분들께 다시 한 번 감사의 말씀을 드린다. 이 책이 아이를 키우는 데 조금이나마 도움이 되었으면 하는 바람 간절하다.

부자되는 야무진 습관 **절박할 때 시작하는 돈관리 비법**
데이브 램지 지음 | 백가혜 옮김

어려운 재테크 공식이 아니라, 당신의 '행동'이 변해야만 통장잔고가 변한다는
단순명쾌한 진리를 알려준다.

뇌의 기억구조를 이용한 최강 공부법 **1년에 500권 마법의 책읽기**
소노 요시히로 지음 | 조미량 옮김

기존의 속독법에 뇌과학과 인지심리학을 접목한 속습법. 새로운 정보를 효율적
으로 배워 학습능력을 비약적으로 업그레이드 시켜줄 실천서.

SNS의 진화를 예측하라 **소셜미디어를 정복하라**
짐 스턴 지음 | 신승미 옮김

무질서한 SNS를 측정 가능한 플랫폼으로 바꿔 주고, 그것이 바로 성공적인 수
익창출이 되게 해주는 책.

맞춤형 가이드 **심리유형별 게으름 탈출하기**
모니카 라미네즈 바스코 지음 | 황성돈 옮김

인지행동치료 전문가가 제시하는 6가지 게으름뱅이 유형과 유형별 실천 방법.

시대를 초월한 영혼의 지도 **예언자**
칼릴 지브란 지음 | 정창영 옮김

20개 이상의 언어로 번역된 이 책은 지브란 특유의 아름다운 문장과 신비로운
향기를 지닌 삶과 진실의 메시지.

숭산 큰스님 대표작 **부처가 부처를 묻다**
스티븐 미첼 편저 | 권지연 · 김영재 옮김

하버드대, 예일대 등 엘리트 청년들이 숭산 큰스님께 머리를 얻어맞으며 깨달
은 아름다운 이야기.

명상 분야 불멸의 스테디셀러 **아는 것으로부터의 자유**
J. 크리슈나무르티 지음 | 정현종 옮김

1980년대에 폭발적인 명상 붐을 일으켰던 20세기 최고의 영적 지도자, 크리슈
나무르티의 대표작.

스티브 잡스가 반한 스즈키 순류 대표작 **스즈키 선사의 선심초심**
스즈키 순류 지음 | 정창영 옮김

아무것도 없는 마음이 선심(禪心)이며, 이 선심을 실행하는 것이 초심(初心)이다.
가장 단순한 언어로 일상적인 상황에서 초심을 간직하는 방법을 알려 준다.